Dietz Berlin

Alexander Bogdanow

Glauben und Wissenschaft

Eine Erwiderung auf Lenins »Materialismus und Empiriokritizismus«

Aus dem Russischen von Wladislaw Hedeler

Dietz Berlin

Bibliografische Informationen der Deutschen Nationalbibliothek.
Die Deutsche Nationalbibliothek verzeichnet diese Publikation in der Deutschen Nationalbibliografie; detaillierte bibliografische Daten sind im Internet über http://dnb.dnb.de abrufbar.

1. Auflage 2023

Franz-Mehring-Platz 1, 10243 Berlin

Gestaltung: Andreas Homann
Druck und Bindung: CPI, Leck
Printed in Germany
ISBN 978-3-320-02409-3

ALEXANDER BOGDANOW (1873–1928), von Beruf Arzt, war ein russischer Philosoph, Ökonom, Soziologe und Verfasser utopischer Romane.

WLADISLAW HEDELER, geb. 1953, ist Historiker, Übersetzer und Publizist.

MAJA SOBOLEVA, geb. 1965, studierte Philosophie in Sankt Petersburg und ist apl. Professorin für Philosophie an der Universität Marburg.

Inhalt

Vorbemerkung

»Wo Glauben ist, muss auch Autorität sein, von der der Glauben ausgeht, eine Autorität, *der* man glauben muss. Das Absolute ist einer der Namen dieser Autorität.« (Bogdanow)

»Die Lehre von Marx ist allmächtig, weil sie wahr ist.« (Lenin)

1908 veröffentlichte Lenin sein Werk »Materialismus und Empiriokritizismus«. Es ist eine heftige Kritik an Alexander Bogdanow. Zwei Jahre später erwiderte dieser mit »Glauben und Wissenschaft«. Der Text erschien zusammen mit »Der Sturz eines großen Fetischismus« (Padenie velikogo fetišizma) 1910 im Moskauer Verlag S. Dorowatskij i A. Tscharushnikow. Die Ausklammerung naturwissenschaftlicher Erkenntnisse aus der Philosophie, so Bogdanow, verenge die Philosophie auf eine Ideologie. Bogdanow bezeichnet seinen Text als »bescheidenes philosophisches Pamphlet« aus der Episode des »Kampfes von Glauben und Wissenschaft«. Lenins Buch hatte zunächst – außer der Replik von Bogdanow – keine nennenswerten Diskussionen ausgelöst. Auf Bogdanows Schrift hat Lenin nie offiziell reagiert. 1910 fragte ein Bekannter Bogdanows Lenin, ob er eine Replik schreiben werde, worauf Lenin lakonisch antwortete: »Bin ich verpflichtet, auf alles zu antworten?«[1]

Obwohl zu dieser Zeit nur ein Bruchteil der Schriften von Marx und Engels ediert vorlagen, wurde Lenins Buch nach seinem Tod zu einem Grundlagentext einer marxistisch-leninistischen Erkenntnistheorie, der die Widerspiegelungstheorie begründete. Bogdanow wurde zur Negativfolie. Lenins Buch wurde in über 20 Sprachen übersetzt. Jedoch gibt es weder in der ersten deutschen Ausgabe von Lenins Buch 1927 noch in der 40-bändigen Werkausgabe einen

1 Zit. nach James D. White: Marx and Russia. The Fate of a Doctrine, London/New York 2018, S. 247.

Hinweis auf Bogdanows Antwort. Auch in der Sekundärliteratur ist sie erst nach 1990 stärker rezipiert worden. Bogdanows Text wurde zudem kaum übersetzt, nicht einmal ins Englische. 1982 erschien eine italienische Übersetzung.[2]

Mit der vorliegenden Ausgabe erscheint Bogdanows Erwiderung das erste Mal auf Deutsch – ergänzt durch eine ideengeschichtliche Einordnung von Maja Soboleva und eine politische Rahmung von Wladislaw Hedeler.

Wir danken Johann-Friedrich Anders, der den Anstoß für diese Veröffentlichung gab und die Übersetzung überhaupt ermöglicht hat.

DER VERLAG

2 Aleksandr Bogdanov u. a.: Fede e scienza. La polemica su materialismo ed empiriocriticismo di Lenin, hrsg. Von und mit einem Essay von Vittorio Strada, Turin 1982.

Alexander Bogdanow

Glauben und Wissenschaft (Über das Buch von W. Iljin[1] »Materialismus und Empiriokritizismus«)

Der Kampf von Glauben und Wissenschaft nimmt im Laufe der Jahrhunderte unterschiedlichste, oft wundersame Formen an. Der Geist der Vergangenheit und der Geist der Zukunft – beide sind gleichermaßen hinterlistig und erfindungsreich, was ihre Kampfformen angeht. Komplizierte Umgehungsmanöver, unsichtbare Tunnel, unerwartete Angriffe aus verborgenen Hinterhalten, Eindringen in das feindliche Lager, um dort Verwirrung zu stiften, listige Verkleidungen – alles das begegnet uns in der Geschichte des Kampfes des religiösen und wissenschaftlichen Denkens. In Epochen der Gärung und großer Krisen nimmt sie komplizierte Gestalt an, und erinnert in der Fantasiehaftigkeit und Verworrenheit ihrer Wendungen an die unterhaltsamsten Abenteuerromane. Irgendwann wird sich ein Historiker finden, der eine vergleichende Analyse der Strategie und Taktik im Krieg der Ideologien vorlegt, oder ein Dichter-Philosoph, der im umfassenden gesellschaftlichen Maßstab die »Metamorphosen« der einander bekämpfenden Ideen zur Darstellung bringt ... Doch das ist Zukunftsmusik. Meine Abhandlung liefert dann eventuell Material für dieses oder jenes Thema, aber jetzt dient sie einer anderen, viel praktischeren Aufgabe ... Es handelt sich um ein bescheidenes philosophisches Pamphlet, das einer der Episoden des Kampfes von Glauben und Wissenschaft gewidmet ist, einer, wenn auch nicht bedeutenden, so doch außerordentlich dramatischen, einer, wenn auch nicht komplizierten, so doch einige sehr interessante und seltsame Kombinationen einschließenden und vielleicht sogar typischen Episode.

I.

Ich möchte das Wechselverhältnis von religiösem und wissenschaftlichem Denken am Beispiel des Modernsten – das Buch von Wl. Iljin ist

1 Im Text sowohl W. als auch Wl. Iljin.

1909 erschienen – illustrieren, daher wähle ich als Ausgangspunkt der Analyse ebenfalls nur die aktuelle Auffassung vom Unterschied des einen Denkens vom anderen, ohne lange historische Analysen vorzunehmen. Um der hierbei möglichen Einseitigkeit aus dem Wege zu gehen, führe ich einleitend *einige* Definitionen aus heterogenen Quellen an.

In den »Wechi« (»Wegzeichen«),[2] dem reuigen Sammelband, der unter der Knute der Reaktion zur Vernunft gekommenen russischen Liberalen heißt es im Artikel von S. Frank:

> »Bei aller Verschiedenheit religiöser Anschauungen bezeichnet Religion immer den Glauben an die reale Existenz eines absoluten Wertes, die Anerkennung eines Prinzips, in dem die reale Kraft des Seins und die ideelle Wahrheit des Geistes in eins verschmolzen sind. Eine religiöse Haltung resümiert sich in dem Bewusstsein von der kosmischen, übermenschlichen Bedeutung höchster Werte, und jede Weltanschauung, die das Ideal nur im relativen, menschlichen Sinn auffasst, ist – wie stark die psychologische Kraft der sie begleitenden oder von ihr hervorgebrachten Leidenschaften auch sein mag – areligiös und antireligiös.«[3]

Im Buch »Materialismus und Empiriokritizismus«, das sich den Kampf gegen das religiöse Denken auf Leben und Tod zum Ziel stellt, heißt es: Der »Fideismus ist eine Lehre, die den Glauben an die Stelle des Wissens setzt oder überhaupt dem Glauben eine gewisse Bedeutung beilegt«.[4] Wl. Iljin spricht von »Fideismus«, um den Begriff »religiöses Denken« zu ersetzen.

Für uns, historische Materialisten, die wissen, dass Ideologie letztendlich durch die Produktionsverhältnisse bestimmt wird, und das Denken ein bestimmter Typus der Ideologie ist, sind derartige Definitionen, egal ob kurz oder lang, nicht ausreichend. Wir brauchen die Klarstellung des gesellschaftlichen Wesens dieses Typus. Da ich zu dieser Frage mehr als andere gearbeitet habe, gestatte ich mir, *meine* Schlussfolgerungen hierzu darzulegen.

2 Der Sammelband erschien im Frühjahr 1909 in Moskau.

3 Semen Frank: Die Ethik des Nihilismus, in: Wechi. Zur Krise der russischen Intelligenz. Essays von Nikolaj Berdjaev, Sergej Bulgakov, Michail Geršenzon, Aleksandr Izgoev, Bogdan Kistjakovskij, Petr Struve und Semen Frank. Eingeleitet und aus dem Russischen übersetzt von Karl Schlögel, Frankfurt a. M. 1980, S. 275–320, hier: S. 281–282. Hervorhebungen von A. Bogdanow.

4 [Wl. Iljin]: Materialismus und Empiriokritizismus. Kritische Bemerkungen über eine reaktionäre Philosophie, in: W.I. Lenin: Werke [LW], Berlin, 1955ff., Bd. 14, S. 9, FN.

Das religiöse Denken ist untrennbar mit *autoritären* Arbeitsverhältnissen verbunden (Leitung – Ausführung oder Macht – Unterordnung), ist aus diesen hervorgegangen und deren Widerspiegelung. Für dieses Denken ist die Schaffung von *Macht-Fetischen* sowie die Forderung nach Gehorsam und *Unterordnung* unter diese an die Menschen typisch. Es sind idealisierte, von der Fantasie auf der Grundlage der realen Herrschaft von »Autoritäten« über die Menschen in ihrem gesellschaftlichen Leben hervorgebrachte Bilder. Anders gesagt, *das religiöse Denken ist autoritäres Denken.*

Von diesem Standpunkt aus ist sowohl die Rolle der »absoluten Werte« in diesem Denken klar, die Idealisten wie Herr Frank in dem von mir angeführten Zitat unterstreichen, als auch die Bedeutung des »Glaubens«, auf den sich die Angelegenheit für Wl. Iljin reduziert. Die Tendenz zum »Absoluten« ist jeder Autorität eigen, denn die Unterordnung ihr gegenüber ist nur dann stabil und sicher, wenn die von ihr ausgehenden Gebote, Weisungen und Behauptungen als etwas Unbedingtes, Unabänderliches, nicht zu Kritisierendes, Endgültiges aufgefasst werden, und selbstverständlich müssen ideelle, vom religiösen Denken und Stimmungen hervorgebrachte Autoritäten die Vollendung dieser Tendenz zum Absoluten verkörpern. Und der »Glauben« ist das Verhältnis des Menschen zur von ihm anerkannten Autorität: kein einfaches Vertrauen ihm gegenüber oder Einverständnis, sondern ein auf *Unterordnung,* auf Ausschaltung des eigenen Denkens und eigener Kritik, auf die Absage an Untersuchung, auf die Unterdrückung jeglichen Zweifels, auf einen Willensakt, der auf Erkenntnispassivität zielt, gegründetes Verhältnis.

Hieraus resultiert offensichtlich der *statische* Charakter des religiösen Denkens – dessen Drang zum Unveränderlichen und Unbeweglichen, zum *Stillstand* auf dem Wege der Erkenntnis und Praxis. Der Glauben, der keine Kritik an diesen oder jenen Lebensformen, an diesen oder jenen Wahrheiten zulässt, ihnen absolute Bedeutung zuspricht, lässt folglich auch deren Entwicklung, mehr noch, einen grundlegenden Wandel, eine Ablösung durch Höheres, nicht zu. Dies ist ein besonders wichtiger Wesenszug des religiösen Denkens, der es ermöglicht, letzteres in allen seinen Verkleidungen zu erkennen. Und auf Verkleidungen greift es in unserer Zeit, in der Epoche ungeahnter Siege des wissenschaftlichen Denkens häufig zurück.

II.

Mit den dargelegten elementaren Voraussetzungen wenden wir uns nun unserem Gegenstand zu.

Wir haben es mit einem Buch zu tun, dessen Titel oben angegeben ist. Was will es seinem Leser mitteilen? Die *Wahrheit*, versteht sich. Aber welche? Das genau ist die Frage. *Eine absolute, ewige Wahrheit.*

Dem Kampf um die Idee der absoluten und ewigen Wahrheit, dem Kampf gegen das Prinzip der Relativität jeglicher Erkenntnis kommt im Buch der zentrale Platz zu und ist das Hauptmotiv, das ständig wiederholt wird. Seine grundlegende Auffassung entwickelt Wl. Iljin in der Polemik gegen mich. Um jede Unklarheit zu vermeiden, um dem Risiko zu entgehen, die Gedanken des Gegners zu entstellen, werde ich seine Auffassungen ausschließlich mit *seinen* Worten wiedergeben. Er schreibt das Folgende:

> »»Napoleon ist am 5. Mai 1821 gestorben‹, sagt Engels im ›Anti-Dühring‹ (Kapitel über die ›ewigen Wahrheiten‹),[5] um Dühring zu erklären, worauf man sich beschränken, mit welchen ›Plattheiten‹ man sich zufriedengeben muss, wenn man in den historischen Wissenschaften auf die Entdeckung ewiger Wahrheiten Anspruch erhebt. Und Bogdanow erwidert Engels folgendermaßen: ›Was ist das für eine ›Wahrheit‹? Und was hat sie ›Ewiges‹ an sich? Die Konstatierung einer Einzelbeziehung, die wohl selbst für unsere Generation schon keine reale Bedeutung mehr hat, kann nicht als Ausgangspunkt irgendeiner Tätigkeit dienen, sie führt zu nichts.«« Und weiter: »Kann man denn ›Plattheiten‹ als ›Wahrheiten‹ bezeichnen? Sind ›Plattheiten‹ denn Wahrheiten? Wahrheit – das ist die lebendige, organisierende Form der Erfahrung, sie führt uns in unserem Handeln irgendwohin, verleiht uns einen Stützpunkt im Lebenskampf.«[6]

> »Aus diesen beiden Zitaten ersieht man klar genug, dass Bogdanow, anstatt Engels zu widerlegen, zu *deklamieren* anfängt. Kannst du nicht behaupten, dass der Satz ›Napoleon ist am 5. Mai 1821 gestorben‹ falsch oder ungenau ist, so erkennst du ihn als wahr

5 Vgl. Friedrich Engels: Herrn Eugen Dührings Umwälzung der Wissenschaft. (Anti-Dühring), in: Karl Marx/Friedrich Engels: Werke [MEW], Berlin 1956ff., Bd. 20, S. 83.; ders.: Herrn Eugen Dührings Umwälzung der Wissenschaft, Neue Studienausgabe [MENSA], Berlin 2020, S. 75.

6 [Wl. Iljin]: Materialismus und Empiriokritizismus, in: LW, Bd. 14, S. 126.

an. Behauptest du nicht, dass dieser Satz in Zukunft widerlegt werden könnte, so erkennst du diese Wahrheit als ewige Wahrheit an. Wenn man aber solche Phrasen, dass die Wahrheit ›die lebendige, organisierende Form der Erfahrung‹ sei, als Widerlegung bezeichnet, so heißt das *leere Worte* für Philosophie ausgeben. Hat die Erde jene Geschichte hinter sich, wie sie in der Geologie dargestellt wird, oder ist die Erde in sieben Tagen erschaffen worden? Darf man dieser Frage denn durch Phrasen über die ›lebendige‹ (was soll das heißen?) Wahrheit ausweichen, die irgendwo ›hinführt‹ usw.? Ist es wirklich so, dass die Kenntnis der Erd- und Menschheitsgeschichte ›keine reale Bedeutung hat‹? Das ist doch einfach schwülstiger Unsinn, mit dem Bogdanow seinen *Rückzug* deckt. Denn es ist ein Rückzug, wenn er sich darangemacht hat, zu beweisen, dass die Annahme ewiger Wahrheiten durch Engels Eklektizismus sei, und sich gleichzeitig nur mit Lärm und Wortgeklingel die Frage vom Halse schafft, wobei er unwiderlegt lässt, dass Napoleon wirklich am 5. Mai 1821 gestorben ist und dass die Annahme, diese *Wahrheit* könnte in Zukunft widerlegt werden, unsinnig ist.«[7]

»Das von Engels gewählte Beispiel ist ganz elementar, und jeder kann mühelos Dutzende ähnlicher Beispiele für Wahrheiten finden, die *ewige, absolute* (von mir hervorgehoben – A.B.) Wahrheiten sind und die nur Verrückte bezweifeln können (wie Engels an anderer Stelle sagt, wo er ein ähnliches Beispiel anführt: ›Paris liegt in Frankreich‹).«[8]

Also, es existieren absolute und ewige Wahrheiten, und sogar in beträchtlicher Zahl. Indem wir eine beliebige Tatsache konstatieren, von der wir annehmen, dass sie nicht widerlegt werden kann, kreieren wir eine ewige und absolute Wahrheit. Napoleon ist am 5. Mai 1821 gestorben, die Wolga fließt ins Kaspische Meer, Pferde essen Heu und Hafer,[9] W. Iljin hat das Buch »Materialismus und Empiriokritizismus« geschrieben, welches 2 Rubel und 60 Kopeken kostet,

7 Ebd., S. 126–127.

8 Ebd., S. 127.

9 Gemeint ist die Erzählung von Tschechow »Učitel' slovesnosti« [Der Literaturlehrer] (1894). Im Sterben sagt der Geografielehrer: »Die Pferde essen Heu und Hafer, die Wolga fließt ins Kaspische Meer.«; Anton Tschechow: Der Literaturlehrer. Aus dem Russischen übersetzt von Ada Knipper und Gerhard Dick, in: ders.: Weiberwirtschaft. Meistererzählungen, hrsg. v. Gerhard Dick/Wolf Düwel, Berlin 1966, S. 411–437.

usw. usf., ohne Ende. Tatsächlich, alles das, was Engels gesagt hat, sind »Plattheiten«, aber dennoch sind es »absolute und ewige Wahrheiten«, und »nur Verrückte können diese bezweifeln«. Daneben gibt es auch absolute Wahrheiten, die nicht so platter Natur sind, zum Beispiel, dass »die Erde jene Geschichte hinter sich hat, wie sie in der Geologie dargestellt wird«. Dies ist offensichtlich schon keine »Plattheit« mehr, sondern eine sehr, sehr ernste Angelegenheit: Absolute Wahrheiten sind Ergebnisse einer Wissenschaft, die, wie jedem klar ist, »eine reale« und zweifellos außerordentliche »Bedeutung haben«.

> »Materialist sein heißt die objektive Wahrheit, die uns durch die Sinnesorgane erschlossen wird, anerkennen. Die objektive, d. h. vom Menschen und von der Menschheit unabhängige Wahrheit anerkennen heißt auf diese oder jene Weise die absolute Wahrheit anerkennen.«[10]

Die im letzten Satz enthaltenen Worte »auf diese oder jene Weise« stellen den Übergang zu einem anderen Gesichtspunkt dar. Im Folgenden stellt sich heraus, dass man absolute und ewige Wahrheiten nicht so einfach und direkt anerkennen kann, wie es aus den oben zitierten Überlegungen über den Tod von Napoleon und die Geschichte der Erde zu sein schien. Engels kommentierend, gelangt Wl. Iljin zu folgenden Formulierungen:

> »Das menschliche Denken ist also seiner Natur nach fähig, uns die absolute Wahrheit, die sich aus der Summe der relativen Wahrheiten zusammensetzt, zu vermitteln, und es tut dies auch. Jede Stufe in der Entwicklung der Wissenschaft fügt dieser Summe der absoluten Wahrheit neue Körnchen hinzu; aber die Grenzen der Wahrheit jedes wissenschaftlichen Satzes sind relativ und können durch die weitere Entwicklung des Wissens entweder weiter oder enger gezogen werden.«[11]

> »Vom Standpunkt des modernen Materialismus, d. h. des Marxismus, sind die *Grenzen* der Annäherung unserer Kenntnisse an die objektive, absolute Wahrheit geschichtlich bedingt, *unbe-*

10 [Wl. Iljin]: Materialismus und Empiriokritizismus, in: LW, Bd. 14, S. 127.
11 Ebd., S. 129.

dingt aber ist die Existenz dieser Wahrheit selbst, unbedingt ist, dass wir uns ihr nähern. Geschichtlich bedingt sind die Konturen des Bildes, unbedingt aber ist, dass dieses Bild ein objektiv existierendes Modell wiedergibt. Geschichtlich bedingt ist, wann und unter welchen Umständen wir in unserer Erkenntnis des Wesens der Dinge bis zu der Entdeckung des Alizarins im Kohlenteer oder bis zur Entdeckung der Elektronen im Atom gelangt sind, unbedingt aber ist, dass jede solche Entdeckung ein Schritt vorwärts auf dem Wege der ›unbedingt objektiven Erkenntnis‹ ist. Kurzum, geschichtlich bedingt ist jede Ideologie, unbedingt aber ist, dass jeder wissenschaftlichen Ideologie (zum Unterschied beispielsweise von der religiösen) die objektive Wahrheit, die absolute Natur entspricht.«[12]

Sämtliche hier angeführte Formeln der »absoluten und ewigen Wahrheit« hält W. Iljin für den exakten Ausdruck der materialistischen Dialektik von Marx, Engels und Dietzgen und führt zum Beweis dessen viele Zitate an. Auf die Frage, inwieweit er mit seiner Auffassung und mit seinem Kommentar dieser Zitate im Recht ist, kommen wir später zurück, jetzt fassen wir in aller Kürze zusammen, was er selbst ausführt:

1. Es *existiert* eine absolute Wahrheit, die der absoluten Natur entspricht.
2. Das menschliche Denken vermittelt sie uns in Gestalt der *Summe relativer Wahrheiten.*
3. Historisch bedingt sind nur die Grenzen unserer Annäherung an die absolute Wahrheit; doch wir *nähern* ihr uns zweifelsfrei.
4. Es gibt viele *absolute und ewige Wahrheiten*, dies alle jene Einzelfälle, von denen wir »nicht behaupten, dass sie in der Zukunft widerlegt werden könnten«.

Wir überlassen es dem Leser, zu entscheiden, wie die zweite Feststellung mit der vierten vereinbar ist, und warum die absolute Wahrheit in Form der Summe relativer Wahrheiten gegeben ist, wenn es doch so viele nicht nur absolute, sondern auch ewige Wahrheiten gibt. Wir untersuchen jetzt das Wesen der Fragestellung in jener Folgerichtigkeit, die der Einfachheit der Darstellung dient.

12 Ebd., S. 130–131.

III.

Der Typus der »absoluten und ewigen Wahrheit«, der nur »von Verrückten bezweifelt werden könne«, ist für Wl. Iljin die Feststellung »Napoleon ist am 5. Mai 1821 gestorben«.[13] Dieses Beispiel führt er immer wieder an und hält es für unanfechtbar. Es ist völlig hinreichend, zu klären, auf *welche Weise* diese ewige Wahrheit zustande kam, denn so erhalten wir die *allgemeine Methode* der Einführung neuer absoluter und ewiger Wahrheiten in unserer Welt; als solche müssen sämtliche Wahrheiten anerkannt werden, die von Menschen auf *dieselbe,* nicht geringere, sondern noch striktere Weise als im oben genannten Fall des Todes von Napoleon gewonnen werden.

Doch um was für eine Art und Weise handelt es sich?

Der Gouverneur der Insel St. Helena war eine Amtsperson, der behandelnde Arzt Napoleons war eine kompetente Person, weitere vernünftig denkende und gewissenhafte Personen aus seiner Umgebung *waren Augenzeugen* seines Todes, und haben *einhellig Zeugenschaft* bezüglich der Tatsache und des Datums abgelegt. Auf diese Weise kam die »ewige Wahrheit« zur Welt, um auf ewig zu herrschen.

Nehmen wir einmal an, dass wir es mit einer Tatsache zu tun haben, die sich einige 100 Jahre vor dem Tod Napoleons zugetragen hat, eine Tatsache, die von einer weitaus größeren Anzahl *Augenzeugen,* kompetenten, vernünftigen und offiziellen Personen *einhellig bezeugt* worden ist. Unklar bleibt, ob die Wahrhaftigkeit dieser Tatsache *demnach* als absolut und ewig anerkannt werden muss?

Und wenn sich in der Folgezeit ein Mensch findet, der sich erlaubt, zu behaupten, dass es auch diese Tatsache nicht gegeben hat, und es sich hierbei lediglich um einen Irrtum handelt, was sollen wir von einem solchen Menschen denken? Auf der Grundlage des oben Dargelegten ist er entweder »verrückt« oder aber er will die Grundlage des Materialismus untergraben – die objektive Wahrheit, die uns durch die Sinnesorgane erschlossen wird – wie W. Iljin in einem der oben genannten Zitate zu sagen pflegt. Doch dieser Mensch war offensichtlich nicht verrückt, denn er konnte jahrzehntelang als Geistlicher tätig sein. Hinzu kommt, dass ein weiterer sehr bekannter Mönch, der ebenfalls nicht als verrückt gelten kann, diese Behauptung stützte.

13 Ebd., S. 126.

Während ich dies niederschreibe, merke ich, dass ich mich verplappert habe, und W. Iljin meinen Fehler mit aller Energie ausnutzen wird. »Ja«, wird er ausrufen, »ein Geistlicher! Ein Priester! Wer sonst könnte den Materialismus bekämpfen, gegen die absolute Wahrheit zu Felde ziehen? Das war doch vorhersehbar!« Da W. Iljin Geistlichen gegenüber sehr streng ist, in der Polemik gegen den Idealisten Berkeley führt er immer wieder dessen Bischofsamt an und dem Wort »Pfaffentum« kommt die Hauptrolle bei der Kennzeichnung *sämtlicher* Auffassungen zu, die er, Iljin, für falsch hält. Dass er auch in diesem Falle eine klerikale Intrige wittert, steht außer Zweifel.

Und in der Tat, dieser Geistliche, dieser »Pfaffe«, wie W. Iljin sich wahrscheinlich ausdrücken würde, war der *Stammvater* des modernen Relativismus, nicht des subjektiven Relativismus, wie ihn die Sophisten und Skeptiker vertreten, sondern der objektiven und wissenschaftlichen Anerkennung der Relativität sämtlicher Wahrheiten, deren Anhänger wir sind.

Es ist an der Zeit, zu erklären, worum es geht. Die Tatsache, von der die Rede ist, und die jahrhundertelang vor unserer Zeit von Millionen vernünftiger Augenzeugen beobachtet und als »objektive Wahrheit, die uns durch die Sinnesorgane erschlossen wird«, einhellig bezeugt worden ist, eine Tatsache, die weitaus gewöhnlicher und leichter zu konstatieren ist, als der Tod eines Menschen, war die folgende: *Die Sonne umkreist auf ihrer Himmelsbahn die Erde.* Der »Pfaffe«, der aus Gegnerschaft zum »Materialismus« diese *absolute und ewige Wahrheit* verneinte, war *Nikolaus Kopernikus.* Der Mönch wiederum, der dessen Ideen propagierte, war *Giordano Bruno.* Letzteren haben irgendwelche Menschen, die sich der Verteidigung »absoluter und ewiger« Wahrheiten verschrieben haben, auf dem Scheiterhaufen verbrannt. Wer waren diese Menschen? Man müsste annehmen, es waren außerordentlich extreme »Materialisten« ...

Haben Sie, lieber Leser, sich vorstellen können, dass sich im 20. Jahrhundert unter den russischen Marxisten ein Denker zu Wort meldet, dessen Ansichten logisch auf die Negation der kopernikanischen Theorie hinauslaufen?

IV.

Wenn ich in meiner, von W. Iljin zitierten Abhandlung,[14] bei der Untersuchung der Frage nach der Relativität der Wahrheit darauf verzichtet habe, die Aussage »Napoleon ist am 5. Mai 1821 gestorben«, zu untersuchen und mich lediglich darauf beschränkte, auf die Hohlheit und Sinnlosigkeit dieser und vergleichbarer Pseudo-Wahrheiten hinzuweisen, habe ich das nicht getan, weil ich keine speziellen Beweise für die zweifelsfreie Relativität dieser Behauptung anführen konnte, sondern ganz einfach deshalb, weil es mir widerstrebte, mich mit derartigen »Plattheiten« zu beschäftigen, sie vom Standpunkt der »Absolutheit«, »Ewigkeit« usw., usf. zu untersuchen. Ich hoffte auf einen Leser-Marxisten, der die Praxis als Kriterium der Wahrheit anerkennt und der daher sofort in der Lage ist, zu begreifen, dass man eine Idee nicht für wahr ansehen kann, die in der Praxis nicht anwendbar ist und die sich der Überprüfung in der Praxis entzieht, d. h. außerhalb des Kriteriums der Wahrheit angelegt ist. Das hat sich nun geändert. Es hat sich ein Leser gefunden – W. Iljin –, der die Idee einer praktischen Anwendung unterzog, indem er sie als Waffe nutzte, um das Reich absoluter und ewiger Wahrheiten auf der Welt zu behaupten. Jetzt ist es an der Zeit, zur Analyse des Wesens der Idee überzugehen.

Jede Wahrheit setzt sich aus *Begriffen* zusammen. Beim engelsschen Beispiel sind es drei Hauptbegriffe, einer bezieht sich auf eine bestimmte Person – Napoleon, ein zweiter auf einen bestimmten physiologischen Prozess – den Tod, und der dritte auf ein historisches Datum. Es fragt sich, inwieweit diese Begriffe als absolute und ewige anerkannt werden können, denn klar ist, sollten sie vergänglich und relativ sein, lässt sich eine absolute und ewige Idee durch ihre Verknüpfung nicht herstellen.

Kurzum, was verbirgt sich hinter dem Begriff »Napoleon«? Die Vorstellung der lebendigen Einheit einer Person in unterschiedlichen Perioden ihrer Existenz. »Napoleon« – das ist »eben jener« Mensch, der 1769 auf Korsika geboren wurde, bei der Artillerie gedient hat, General der Republik, erster Konsul, französischer Imperator war, Siege erkämpfte, Niederlagen erlitt, als Gefangener auf St. Helena lebte usw., usf. Im modernen Denken ist der *Name* eines Menschen

14 Empiriomonismus, Buch III, Vorwort. [Anm. A.B.]
Unter dem Titel »Empiriomonizm. Stat'i po filosofii« [»Empiriomonismus. Artikel zur Philosophie«] hat Bogdanow drei Bände mit Aufsätzen veröffentlicht; vgl. Alexander Bogdanow: Kniga I, Moskau 1905; ders.: Kniga II, Moskau 1905; ders.: Kniga III, St. Petersburg 1906.

untrennbar mit der individualistischen Illusion der *Einheit des »Ich«* verknüpft, einer Illusion, die durch die Physiologie und Psychologie völlig ad absurdum geführt worden ist. Angenommen wird, dass *eben jener* Mensch gestorben ist, dieselbe »Persönlichkeit«, dasselbe »Ich«, die in irgendwelchen in der Vergangenheit stattgefundenen Ereignissen, die mit dem Namen »Napoleon« in Verbindung stehen, in Verbindung stehen. Dabei *erneuert* sich dieses »Ich« im Leben des Organismus physiologisch und psychisch *mehrfach*, und lediglich die stetige Allmählichkeit seiner Veränderungen gestatte es, an der gewohnten Illusion festzuhalten. Physiologisch war der »Körper« des sterbenden Napoleon bis zum letzten Molekül schon etwas völlig *anderes* als der »Körper« des bei Austerlitz kommandierenden Napoleon; psychisch war die Summe der Eindrücke und Wahrnehmungen, aus denen sich das »Ich« zusammensetzt in den letzten Jahren seines Lebens eine *völlig andere* als die, die dem »Ich« des jungen republikanischen Generals eigen war. Daher birgt der Gedanke, den der moderne Mensch mit den Worten ausdrückt »Napoleon ist am 5. Mai 1821 gestorben«, einen *Irrtum*, das Subjekt wird als bedeutender gesellschaftlicher und kultureller Akteur gedacht, das Prädikat meint die erbärmliche, historisch armselige Ruine.

Jetzt zum Begriff »Tod«. Auch dieser Begriff ist keinesfalls so absolut, wie es Menschen erscheinen mag, die keine Kenntnis vom Mechanismus des Sterbens haben. In der modernen Medizin ist es üblich, den Todeszeitpunkt mit dem Herzstillstand und dem Aussetzen der Atmung anzusetzen. Doch es gibt Gründe, daran zu zweifeln, dass dieses Kriterium für immer gültig ist. In einem russischen Lehrbuch der operativen Chirurgie habe ich gelesen, dass es mithilfe künstlicher Beatmung möglich ist, Personen aus tiefer Ohnmacht zu erwecken und dass es in einigen Fällen sogar gelungen ist, gerade Verstorbene ins Leben zurückzuholen. Dabei handelt es sich nicht um ein bloßes Bravourstück eines gelehrten Materialisten, sondern um die Feststellung einer Tatsache, die mit Blick auf die gegenwärtige Auffassung vom »Tod« durchaus möglich ist. Wenn das Herz nicht mehr schlägt und die Atmung aussetzt, ist der Mensch »gestorben«, doch wenn es nicht zu einer tiefgehenden Zerstörung der Zellen gekommen ist, kann es völlig hinreichend sein, die Funktion der untätigen Organe mechanisch zu erwecken, damit der Lebensprozess wieder in Gang kommt. Doch was für ein »Tod« ist es dann? Folglich kann man erwarten, dass im Zusammenhang mit dem Fortschritt der Medizin Herzstillstand und Aussetzen der Atmung nicht mehr die zurzeit letztlich entscheidende Rolle für das Lebensende spielen. Der Todeszeitpunkt wird dann ein Stadium der Zerstörung der Körperzellen sein, welches eine Wiederherstellung des Lebens vermittels neuester Methoden völlig unmöglich macht. Und von diesem höheren, zu späterer Zeit möglichen Blickwinkel aus werden sich aller Wahrscheinlichkeit nach die jetzigen Angaben zum Todeszeitpunkt von Menschen einfach als *unwahr* herausstellen.

Da haben Sie die absoluten, ewigen Wahrheiten!

Ich spreche gar nicht darüber, dass der Arzt, der den Tod Napoleons feststellte, keineswegs ein »absoluter« Arzt war und sich im Hinblick auf den Todeszeitpunkt hätte irren können, weil er eine tiefe Ohnmacht oder eine Lethargie für den Tod gehalten hat, was bei anderen Ärzten durchaus *vorgekommen* ist. In diesem Falle würde es sich bei W. Iljins »ewiger Wahrheit« um einen »ewigen Irrtum« handeln.

Damit komme ich zum dritten Begriff, dem historischen Datum. Hier ist alles bedingt – die Ära und die Art und Weise der Zeitzählung. Das Ereignis, von dem aus die Jahre gezählt werden, fand wahrscheinlich nicht genau zum dem angenommenen Zeitpunkt statt, wenn es denn das Ereignis überhaupt gegeben hat. Das Datum »5. Mai 1821« ist nach dem gregorianischen Kalender angegeben, nach dem julianischen Kalender wäre es der 23. April. In der Tat, der julianische Kalender ist nicht so genau wie der gregorianische Kalender, doch auch dieser hinkt astronomisch gesehen etwas hinterher, und im Jahr 1821 lag der Fehler, verglichen mit der »idealen Zeit« bereits bei ca. 13 Stunden. Ich weiß leider nicht, wann genau Napoleon gestorben ist, und habe auch wenig Lust, nach diesen Bagatellen zu suchen, aber es ist durchaus möglich, dieses »absolute und ewige« Ereignis nicht auf den 5., sondern auf den 4. Mai zu datieren.

Hier sind selbstverständlich keineswegs sämtliche Angaben und sämtliche Möglichkeiten ausgeschöpft, die auf den relativen Charakter des untersuchten chronologischen Ereignisses hinweisen, aber ich denke, dass es für ein »absolutes und ewiges« Ereignis völlig hinreichend ist.

Noch weitaus schlimmer ist es um jene Wahrheiten bestellt, die diesen Namen *verdienen*, wie zum Beispiel die Behauptung, dass »die Erde jene Geschichte hinter sich hat, wie sie in der Geologie dargestellt wird«. Es genügt, darauf zu verweisen, dass »jene Geschichte, wie sie in der Geologie dargestellt wird«, bis zu Charles Lyell eine auf der Theorie der Kataklysmen basierende, und die seit Charles Lyell eine völlig andere, nämlich auf der Evolutionstheorie beruhende, war. Doch heute ist sie in Vielem eine andere als zu Zeiten von Charles Lyell. Und wenn W. Iljin mit absoluter Gewissheit weiß, dass sie jetzt schon bis in alle Ewigkeit gilt, und sich nicht mehr grundlegend ändern kann, dann kann die Quelle *dieses* Wissens nur eine sein, nämlich der *Glauben*, mehr noch ein blinder Glauben.

V.

Wenden wir uns nun einem anderen Gesichtspunkt desselben Autors bezüglich derselben Frage zu: »Die absolute Wahrheit setzt sich aus der Summe der relativen Wahrheiten zusammen« und »wir *nähern* uns ihr zweifelsfrei«. Mit dieser Auffassung hat es der russische Marxismus *nicht zum ersten Mal* zu tun.

Vor ungefähr sieben Jahren haben die legalen Marxisten, die sich damals in Richtung Idealismus bewegten, diese Auffassung vertreten. Es war vor allen N. Berdjajew, der eine derartige Theorie des Fortschritts propagierte.[15] Entwicklung ist genau genommen die *Annäherung* an *absolute Ideale*, an die absolute Wahrheit, an das absolut Gute, an die absolute Schönheit. Beim Erkenntnisfortschritt handelt es sich um die stetige *Annäherung an die absolute Wahrheit über relative Wahrheiten.*

Wie wir sehen, sagt Wl. Iljin dasselbe. Er äußert sich nur nicht zum »absolut Guten und Schönen«. Unklar bleibt, warum er sich nicht dazu äußert. Entweder erkennt er diese nicht an oder er tut es nicht, weil er eine theoretische philosophische Abhandlung verfasst, in der es ausschließlich um Fragen der Erkenntnis geht. Eine zu seinen Gunsten ausgelegte Interpretation des Verschweigens läuft darauf hinaus, dass er nur *ein Drittel* des dreifaltigen Ideals anerkennt, welches für unsere Idealisten die Formel des *Göttlichen* ist.

Es erübrigt sich, darauf hinzuweisen, dass unsere Idealisten diese Formel bei den Idealisten im Westen entliehen haben. Leibniz hat sie in seiner Hierarchie der endlichen Monaden, die die absolute Monade spiegeln und der Erkenntnis der absoluten Wahrheit immer näherkommen, völlig unmissverständlich benannt.[16] Und was die Formu-

15 1901 erschien in Sankt Petersburg Berdjajews Buch: Sub"ektivizm i individualizm v obščestvennoj filosofii. Kritičeskij ėtjud o N. K. Michajlovskim [Subjektivismus und Individualismus in der Sozialphilosophie. Kritische Skizze über N. K. Michailowski].

16 Vgl. Friedrich Wilhelm Joseph Schelling: Philosophie und Religion [1804], in: ders.: Schriften 1804–1812. Texte zur Philosophie und Religionsgeschichte, hrsg. von Steffen Dietzsch, Berlin 1982, S. 37–91, hier: S. 71.

lierung von W. Iljin angeht – dass die absolute Natur in der absoluten Wahrheit zum Ausdruck kommt, die eine Reihe relativer Wahrheiten einschließt, eine Hierarchie der Annäherung an das Absolute – so ist es eine schellingsche Formulierung.[17]

So also kämpft W. Iljin gegen die Idealisten!

Jetzt erinnere ich daran, wie *wir* gegen ihn gekämpft haben. Wir haben vor allem darauf hingewiesen, dass der Begriff des »Absoluten« ein fiktiver Begriff ist, denn der Inhalt der Begriffe entstammt *ausschließlich aus der Erfahrung*, und in der Erfahrung gibt und kann es auch nichts Absolutes geben. Das Absolute denken – bedeutet in einen platten logischen (keinesfalls dialektischen) Widerspruch zu verfallen. Wir haben bereits darauf hingewiesen, dass die »absolute« Fortschrittstheorie unsinnig ist. Sich dem Absoluten über das Relative *annähern*, d. h. dem *Unendlich-Fernen über das Endliche* – ist völlig unmöglich, denn die »Unendlichkeit« ist ein mathematisches Symbol mit negativer Bedeutung. Von einer unendlichen Größe kann man etwas abziehen oder dieser etwas hinzufügen, sie wird sich dadurch *nicht verändern*: Derart sind die mathematischen Definitionen unendlich-großer Größen. Fügen sie einem langen Kubus beliebig viele Ebenen, Linien, Punkte hinzu – sein Umfang bleibt gleich, denn der Umfang ist bezogen auf die Oberfläche das »Unendliche«, so wie diese es im Verhältnis zur Länge ist. Die Entfernung zum »Absoluten« ist *unveränderlich*, egal, ob wir uns vorwärts, rückwärts, nach rechts oder nach links bewegen, und von einer »Annäherung« an das Absolute zu sprechen ist eine Verhöhnung sowohl der Logik als auch jeglichen progressiven Strebens.

Wir haben seinerzeit auf die klerikale Fälschung bei der Propagierung des Absoluten hingewiesen. Die Menschen werden an diese Fiktion gewöhnt, sie gewinnt für sie an Wert, wird zum Bedürfnis, auf das man, wie auf ein gewöhnliches Narkotikum, nicht verzichten kann. Doch in der nüchternen und reinen Wissenschaft finden sie keine Befriedigung ihrer Wünsche, gelassen und mit Nachdruck verweigert sie die absolute Wahrheit. Dann machen sie sich auf den Weg, um sie woanders zu suchen, Religion und Mystik warten schon auf sie, und bemächtigen sich umso leichter ihrer Seele, denn über den *Glauben* an das Absolute verfügen sie bereits, denn an das Absolute kann man schließlich nur *glauben*, nicht wissen, da es jenseits der Erfahrung liegt.

17 Vgl. ebd., S. 46–52.

Muss man jetzt mit Blick auf das Buch von W. Iljin diese ganze Polemik wiederholen? Ich meine, dass es nicht lohnt. Weder die »absolute Wahrheit« des Lehrers, den Tschechow mit den Worten »Die Wolga fließt ins Kaspische Meer«[18] sterben lässt, noch das berdjajewsche Absolutum werden unseren Leser in Versuchung führen.[19]

VI.

Wer aber hat W. Iljin in Versuchung geführt? Er behauptet, dass es Engels und Dietzgen waren. Trifft das wirklich zu? Wl. Iljin zitiert die folgende Passage aus dem »Anti-Dühring«:

> »›Die Souveränität des Denkens verwirklicht sich in einer Reihe höchst unsouverän denkender Menschen; die Erkenntnis, welche unbedingten Anspruch auf Wahrheit hat, in einer Reihe von relativen Irrtümern; weder die eine noch die andre kann anders als durch eine unendliche Lebensdauer der Menschheit vollständig verwirklicht werden.‹«[20]

> »›Wir haben hier wieder denselben Widerspruch, wie schon oben, zwischen dem notwendig als absolut vorgestellten Charakter des menschlichen Denkens und seiner Realität in lauter beschränkt denkenden Einzelmenschen, ein Widerspruch, der sich nur im unendlichen Progress, in der für uns wenigstens praktisch endlosen Aufeinanderfolge der Menschengeschlechter lösen kann. In diesem Sinne ist das menschliche Denken ebenso sehr souverän wie nicht souverän und seine Erkenntnisfähigkeit ebenso sehr unbeschränkt wie beschränkt. Souverän und unbeschränkt der Anlage, dem Beruf, der Möglichkeit, dem geschichtlichen Endziel nach; nicht souverän und beschränkt der Einzelausführung und der jedesmaligen Wirklichkeit nach.‹ ›Ebenso‹, fährt Engels fort, ›verhält es sich mit den ewigen Wahrheiten.‹«[21]

18 Vgl. FN 9.

19 Für alle Fälle merke ich an: In meinem Buch »Iz psichologii obščestva« [»Aus der Psychologie der Gesellschaft«] sind mehrere Artikel zu dieser Thematik enthalten, darunter: »Was ist Idealismus?« (Über Herrn Berdjajew), »Über die Probleme des Idealismus«, »Das Echo der Vergangenheit« (Über Herrn Bulgakow). [Anm. A.B]
Das Buch »Aus der Psychologie der Gesellschaft« mit Aufsätzen von Bogdanow aus den Jahren 1901–1904 erschien 1904 in Sankt Petersburg.

20 [Wl. Iljin]: Materialismus und Empiriokritizismus, in: LW, Bd. 14, S. 128. Vgl. Engels: Anti-Dühring, in: MEW, Bd. 20, S. 80; ders.: Anti-Dühring, MENSA, S. 72.

21 ebd. Vgl. Engels: Anti-Dühring, in: MEW, Bd. 20, S. 80–81; ders.: Anti-Dühring, MENSA, S. 72–73.

Wo ist denn hier jene *grundlegende* Idee, von der Wl. Iljin ausgeht, nämlich, dass die absolute Wahrheit *existiert*! Davon ist hier nicht die Rede. Hier ist die Rede davon, dass sie nach einer unendlichen Anzahl von Generationen *erreicht* werden könnte; sie müssen aber zugeben, dass es sich hierbei um eine ideell-mathematische, d. h. *rein symboli sche* Möglichkeit handelt, die nicht mit der *Realität* vergleichbar ist. Es wird behauptet, dass das Denken, »absolut« oder unbegrenzt (dieses Wort dient als erläuterndes Synonym für das »Absolute«) seiner *Tendenz* nach sei. In einem derartigen Kontext bedeutet das Wort »Absolutes« lediglich *unendliche Entwicklung*, mehr nicht. Gleichzeitig wird *jedes historisch-gegebene Denken* kategorisch als begrenztes, relatives Denken angesehen, darunter auch das Denken des tschechowschen Lehrers[22] und N. Berdjajews, sowie das Wl. Iljins, der die Sichtweisen beider auf so geniale Weise in Einklang gebracht hat.

Dabei ist Wl. Iljin nicht damit einverstanden, sein Denken für begrenzt und relativ zu halten, wie könnte das sein, verfügt er doch über einen ganzen Korb voller »absoluter und ewiger Wahrheiten«, d. h. völlig fertiger Stücke »absoluter Wahrheiten« im absoluten Sinne des Wortes. Was hat das mit Engels zu tun? Unser verehrter Autor hat ihn ganz einfach mit Herrn Berdjajew verwechselt.

Wenn Engels an etwas Schuld ist, dann nur darin, dass er den metaphysischen Terminus »Absolutes«, wenn auch nicht in metaphysischem Sinne, benutzt. Und auch darin, dass er bei allem Spott bezüglich der »ewigen Wahrheiten« sie zulässt, und sei es auch nur in Gestalt hoffnungsloser »Plattheiten«. Und er selbst warnt den Leser vor dem damit verbundenen Wirrwarr.

> »Wie jung aber noch die ganze Menschengeschichte und wie *lächerlich* es wäre, unsern jetzigen Anschauungen *irgendwelche absolute Gültigkeit* zuschreiben zu wollen, geht aus der einfachen Tatsache hervor, dass die ganze bisherige Geschichte sich bezeichnen lässt als Geschichte des Zeitraums von der praktischen Entdeckung der Verwandlung von mechanischer Bewegung in Wärme bis zu derjenigen der Verwandlung von Wärme in mechanische Bewegung.«[23] (Dampfmaschinen – A.B.)

22 Vgl. FN 9.

23 Engels: Anti-Dühring, in: MEW, Bd. 20, S. 107; ders.: Anti-Dühring, MENSA, S. 99. Hervorhebungen – A.B.

Von diesen grundlegenden Ansichten müsste eigentlich jeder bewusste Marxist bei der Interpretation jener auf hegelianische Weise konstruierten Formulierungen ausgehen, wenn bei Engels vom »Absoluten«, »Notwendigen« usw. die Rede ist. Doch W. Iljin geht anders vor, er nimmt sich aus Engels Text jene Sätze heraus, die die sakramentalen Worte enthalten, und gründet darauf seinen Glauben. Zum Beispiel greift er einige hegelsche Bemerkungen auf, wie die, dass »Wahrheit und Irrtum, wie alle sich in polaren Gegensätzen bewegenden Denkbestimmungen, absolute Gültigkeit eben nur für ein beschränktes Gebiet haben«,[24] und schlussfolgert: Sie haben absolute Gültigkeit, er hat es ja *selbst gesagt*!

Dabei könnte gerade das hier von Engels angeführte Beispiel dazu dienen, ein derartiges »absolutes« Verständnis dieser Formulierung zu vermeiden. Als Beispiel dient das boylesche Gesetz, »wonach das Volumen der Gase sich umgekehrt verhält wie der Druck«.[25] Jeder, der die präzisere Formel von Van der Waals kennt, weiß, dass das boylesche Gesetz in *keinerlei Begrenzung absolut wahr,* absolut genau ist, da es lediglich in ein bis zwei mathematischen Punkten mit der Gleichung von Van der Waals übereinstimmt, doch auch letztere wird von keinem einzigen kompetenten Physiker als endgültiges und die gegebenen Erscheinungen erschöpfend beschreibendes Gesetz anerkannt.

Es wäre für W. Iljin plausibler, sich von Dietzgen in Versuchung führen zu lassen, denn dieser missbraucht den Terminus »Absolutes« im Hinblick auf den zentralen Begriff seiner Philosophie – das Universum, das Weltall, so wie er überhaupt bei jeder Gelegenheit die religiöse Terminologie missbraucht. Doch auch bei ihm lassen sich, wenn man ihn genau liest, keine mit denen des tschechowschen Lehrers[26] vergleichbaren Äußerungen oder Aussagen über die absolute Geologie finden. Hinzu kommt, dass W. Iljin kritisch auf Dietzgen blickt, anders als auf Engels, wobei Zitate aus dessen Werken der verehrte Autor als einen Ersatz für wissenschaftliche Argumentation überhaupt ansieht.

Plechanow hatte einst behauptet, dass die marxsche Theorie des Geldumlaufs eine objektive Wahrheit für alle Zeiten darstelle.[27] Ich

24 [Wl. Iljin]: Materialismus und Empiriokritizismus, in: LW, Bd. 14, S. 129.

25 Ebd.

26 Vgl. FN 9.

27 Vgl. [Wl. Iljin]: Materialismus und Empiriokritizismus, in: LW, Bd. 14, S. 138. Bogdanow meint die folgende Passage aus Plechanows Artikel »Wofür sollen wir ihm dankbar sein? Offener Brief an Karl Kautsky« [1898]: »Die marxsche Theorie ist keine ewige Wahrheit in

war damit nicht einverstanden – vor allem deshalb, weil die »ewige« Wahrheit, wie ich erklärte, eine Sache des *Glaubens* und keine der Wissenschaft ist. Ich war der Meinung, es wäre selbstverständlich eine objektive Wahrheit, aber nur eine für unsere Zeit geltende,[28] was die Zukunft angeht, könne er keine Garantie übernehmen. Iljin widersprach mir. »Das ist wieder eine Konfusion. Dass diese Theorie der Praxis entspricht, kann durch keine künftigen Umstände geändert werden, und zwar aus demselben einfachen Grunde, aus welchem die Wahrheit, dass Napoleon am 5. Mai 1821 gestorben ist, *ewig* ist.«[29] Erneut wird die Ewigkeit der urprimitiven Astronomie beschworen, Kopernikus' Theorie war offensichtlich nicht in der Lage ihre Entsprechung zur Praxis der tausend Jahre vor ihm verstorbenen Menschen zu verändern. Doch weiter. Wl. Iljin warf mir »ein unverzeihliches Zugeständnis an die bürgerliche Ökonomie« vor, das nicht auf der religiösen, sondern auf der wissenschaftlichen Haltung gegenüber der marxschen Theorie beruht.

> »Die einzige Schlussfolgerung aus der von Marxisten vertretenen Auffassung, dass die Theorie von Marx eine objektive Wahrheit ist«, fasst er zusammen, »besteht im Folgenden: *Auf dem Wege* der marxschen Theorie fortschreitend, werden wir uns der objektiven Wahrheit mehr und mehr nähern (ohne sie jemals zu erschöpfen); auf jedem anderen Wege aber können wir zu nichts anderem gelangen als zu Konfusion und Unwahrheit.«[30]

Lassen wir die verworrene Form der Ausdrucksweise beiseite (die Theorie von Marx *ist* eine objektive Wahrheit, was bedeutet, dass sie der Weg zur objektiven Wahrheit ist), wird deutlich, dass wir es hier bereits mit einer *dritten* Konzeption der absoluten Wahrheit zu tun haben. Von allen dreien ist sie die gemäßigtste: Lediglich die *Methode*, die auf der Geschichtsauffassung von Marx beruht, wird als absolut anerkannt. Nur müssen Sie wissen, dass die wichtigste Schlussfolgerung hieraus das formelle ideologische Verbot ist, nach anderen Gesichtspunkten zu suchen. Es wird behauptet, dass andere Methoden *niemals*

letzter Instanz. Das ist richtig. Aber sie ist die *höchste soziale Wahrheit unserer Zeit.*«; in: Georgi Plechanow: Eine Kritik unserer Kritiker. Schriften aus den Jahren 1898 bis 1911, hrsg. von Erika Mieth, Berlin 1982, S. 41–54, hier: S. 46.

28 Vgl. Alexander Bogdanow: Empiriomonizm, Kniga 3, S. VII.

29 [Wl. Iljin]: Materialismus und Empiriokritizismus, in: LW, Bd. 14, S. 138.

30 Ebd.

zu etwas anderem als Wirrwarr und Konfusion führen können. Dabei ist bekannt, dass jeder gewichtige Schritt der Wissenschaftsentwicklung gerade darauf beruht, dass ein Gesichtspunkt, ein neuer Weg, eine neue Methode gefunden worden ist. So galt zum Beispiel noch vor 30 Jahren die Konzeption der unveränderlichen chemischen Elemente als zeitgemäße objektive Wahrheit. Diesen Weg beschreitend, wurden ständig neue Tatsachen erkannt. Und heute ist ein neuer Weg gefunden, die Theorie des Zerfalls der Elemente, und führt dieser Weg nur in »Wirrwarr und Konfusion«? Und bei der Chemie handelt es sich um eine weitaus besser ausgearbeitete Wissenschaft als die Sozialphilosophie, es gab mit Blick auf die Chemie weitaus weniger Gründe mit methodologischen Umbrüchen zu rechnen.

Bei allem Wirrwarr der drei unterschiedlichen Konzeptionen der absoluten Wahrheit ist bei unserem Autor ein Motiv unüberhörbar: die Forderung nach *Stillstand*, die wissenschaftliche Erkenntnis soll an einem bestimmten Punkt innehalten, es wird die Unmöglichkeit behauptet, weiter voranzuschreiten, wenn schon nicht im Ganzen, so doch in dessen Teilen, wenn schon nicht in der Forschung, so doch in der Methode ... Überall *Statik*, die auf dem *Glauben* fußt, dessen Objekt das *Absolute* ist.

VII.

Somit ist es völlig offensichtlich, dass jene zwei Kriterien des religiösen Denkens, auf die W. Iljin und Herr Frank selbst hinweisen, d. h. der *Glauben* und die Anerkennung *absoluter Wahrheiten*, in der Weltanschauung von W. Iljin gegeben sind, und zwar als *Grundlage* seiner Ansichten. Bleibt die Untersuchung des dritten, nicht formalen, sondern sich auf das Wesen der Ideologie beziehenden sozialgeschichtlichen Kriteriums: Handelt es sich beim Denken des untersuchten Autors um ein seinem Typus nach *autoritäres* Denken oder nicht!

Dem Wesen nach ist das keine neue Fragestellung. Wo Glauben ist, muss auch Autorität sein, von der der Glauben ausgeht, eine Autorität, *der* man glauben muss. Das Absolute ist einer der Namen dieser Autorität. Im gegebenen Fall kommt das »Absolute« in Ideen zum Ausdruck, die irgendwann und irgendwo von Marx und Engels geäußert worden sind. Sie sind die Propheten der absoluten Wahrheit. Und es versteht sich von selbst, dass sie nicht irgendetwas Unwahres sagen können, entweder sind sie Propheten, dann ist jedes Wort von ihnen eine Eingebung, oder aber sie konnten irren, doch dann wären sie Menschen wie wir, und wem stünde es dann zu, ewige Wahrheiten festzulegen? Aus diesem Grunde, ungeachtet der Jahrzehnte, die uns von Marx und Engels trennen, ungeachtet der wissenschaftlichen und technischen Umwälzungen, die seitdem vergangen sind, werden Sie unter den Dutzenden, ja Hunderten Zitaten aus deren Werken im gewaltigen Buch von W. Iljin kein einziges finden, mit dem der Autor nicht einverstanden gewesen wäre. Für autoritäres Denken kann es in Glaubensfragen nur alles oder nichts geben. Denken Sie bitte über die folgende Formulierung nach. Mit Blick auf die Gesichtspunkte, die sich zwischen der Anerkennung von etwas »außerhalb der sinnlichen Welt«[31] Existierendem und der absoluten Negation diesen »Etwas« bewegen, ruft Wl. Iljin aus: »Hätte Engels jemals etwas Derartiges gesagt, so wäre es eine Schmach und Schande, sich Marxist zu nennen.«[32]

Für einen Menschen, der wissenschaftlich und nicht religiös denkt, frei statt autoritär, ist eine derartige Erklärung etwas Unerhörtes. Wie! Wenn dieser oder jener Theoretiker irgendwann einmal eine Dummheit oder Lüge ausgesprochen hätte, wäre es dann »eine Schmach und Schande«, sich dieser Schule anzuschließen, zu deren Führern er gehörte? Und was, *wenn* es sich herausstellt, dass Engels irgendwann Vergleichbares ausgesprochen hätte? Dann ist Schluss und Iljin bricht mit dem Marxismus. Derart ist in der Tat die Logik des religiösen Gefühls: der Prophet hat seine menschliche Schwäche erkannt, das war's, er ist kein Prophet mehr, sein Glaube ist ein Irrglaube, die anderen Propheten, die Seite an Seite mit ihm schritten, sind falsche Propheten, such' Dir einen neuen Glauben!

Dem Wesen nach erkennt W. Iljin den autoritären Charakter seines Denkens an, und er ist so ehrlich, das auch offen anzuerkennen:

> »Und nun, meine Herren Machisten, schreien Sie nicht, dass ich mich auf ›Autoritäten‹ berufe: Ihr Geschrei gegen die Autoritäten soll ja nur verdecken, dass Sie anstelle der sozialistischen Autoritäten (Marx, Engels, Lafargue, Mehring, Kautsky) bürgerliche *Autoritäten* (Mach, Petzoldt, Avenarius, die Immanenzphilosophen) unterschieben. Sie sollten die Frage der ›Autoritäten‹ und des ›Autoritarismus‹ lieber nicht aufrollen!«[33]

31 Ebd., S. 111.

32 Ebd.

33 Ebd., S. 248.

Egal, aber ohne Autoritäten kommt man nicht aus. Wenn sie *diese* nicht anerkennen, *bedeutet das,* dass sie andere anerkennen. Was aber, wenn jemand überhaupt keine Autoritäten *als Autoritäten* anerkennen will, d. h., wenn er der Meinung ist, dass Verweise auf deren Auffassungen ein hinreichender Ersatz für Forschung und Argumentation sind? Was für Märchen erzählen sie da? – entgegnet Wl. Iljin: Gibt es in Wirklichkeit solche Menschen? Überzeugen kann man ihn nicht, denn der autoritäre Typus des Denkens ist in sich geschlossen, und am unfähigsten, die Möglichkeit der Existenz anderer Typen zuzulassen.

Es ist offensichtlich, dass Iljins Auffassungen dem Kriterium der autoritären Auffassungen vollkommen entsprechen. Damit lässt sich ihr religiöser Charakter zweifelsfrei feststellen.

VIII.

Das religiöse Denken zeichnete sich nie durch Exaktheit aus. Doch dafür war es in Epochen seiner Blüte ausgesprochen konkret und klar. In unserer Zeit verliert es, da es sich im Niedergang befindet, diese Wesenszüge, wird hochgradig verworren und unklar. Seine Begriffe sind unbestimmt und instabil, stattdessen klammert es sich an *Worte.* Die Bedeutung von Worten war in autoritären Ideologien immer entscheidend. Denn Worte sind immer das, worin sich die höchsten Autoritäten ausdrücken, und daher sind nur Worte unbestreitbar; einen Rechtgläubigen erkennt man nur am »Bekenntnis«, d. h. an der offenen Anerkennung entsprechender in Worten ausgedrückter Formeln.

In völliger Übereinstimmung mit dieser Psychologie des Glaubens werden Sie bereits auf der ersten Seite des Buches von Wl. Iljin, im Anschluss an die Aufzählung einer Reihe von Schriftstellern, denen er den Krieg erklärt, Schriftstellern, die unterschiedliche Auffassungen von der Philosophie des Marxismus haben, folgende Zeilen finden:

> »Allen diesen Leuten kann nicht unbekannt geblieben sein, dass Marx und Engels ihre philosophischen Anschauungen dutzende Mal als dialektischen Materialismus bezeichnet haben. Und alle diese Leute, die, trotz scharfer Differenzen in den politischen Ansichten, durch ihre Feindschaft gegen den dialektischen Materialismus geeint sind, erheben gleichzeitig Anspruch darauf, in der Philosophie Marxisten zu sein!«[34]

34 Ebd., S. 9.

Beiläufig sei angemerkt, dass ein bedeutender Teil der von ihm aufgezählten Schriftsteller (darunter zum Beispiel ich und Basarow), ihre »Feindschaft gegen den dialektischen Materialismus« zum Ausdruck gebracht haben, indem sie das Anti-Dialektische und Metaphysische in den Auffassungen von *Plechanow* und seiner Schule nachgewiesen haben. Ich möchte den Leser auf den zentralen Gedanken des Zitats aufmerksam machen: Marx und Engels »bezeichneten« sich so und so. Sie aber bezeichnen sie nicht so und getrauen sich auch noch, sich als Marxisten in der Philosophie zu bezeichnen! Die in Religion verwandelte Dialektik ist hier in ihr Gegenteil übergegangen. Für die alte Dialektik, die im Hinblick auf Prozesse des Lebens und der Bewegung ein kategorisches »Ja-Ja«, »Nein-Nein« für unmöglich hält, war es viel natürlicher und verständlicher, dass die historische und logische Entwicklung der Ideen einer Schule auf diesem oder jenem Gebiet zu Schlussfolgerungen führt, die sich von vorhergehenden so weit unterscheiden, dass es Gründe gibt, sie mit neuen Termini zu bezeichnen, obwohl die *allgemeine Methode* dem Wesen nach die alte geblieben ist, was eine Änderung des Namens der Schule unnötig macht, zum Beispiel können Wissenschaftler, die auf dem Boden der marxistischen Methode verbleiben, in der Philosophie zu Auffassungen gelangen, für die der Terminus »Materialismus« nicht mehr hinreichend oder unzutreffend ist. Das religiöse Denken, auch wenn die »Dialektik« einmal Objekt dessen Glaubens war, ist nicht in der Lage das zu begreifen, es gibt sich nur mit der Einheit in Worte gefasster Formeln zufrieden, mit denen sie allerdings vollauf zufrieden ist. Er ist nicht betroffen, wenn Plechanow unter der Bezeichnung »dialektischer Materialismus« eine teils kantianische Metaphysik entwickelt oder wenn P. Neshdanow unter demselben Namen etwas Widersinniges, dem wirklichen dialektischen Materialismus Unähnliches predigte; worüber aber streiten, wenn sich die Leute so nennen, wie nötig? Und jene, die sich »anders nennen« – sie sind zweifellos die Feinde, hier muss man nichts klarstellen, und wenn sie auch noch in der Philosophie Marxisten »sein wollen«, d. h. in der Philosophie die marxistische Methode anwenden, dann handelt es sich um besonders gefährliche Feinde, um Lügner, um Usurpatoren usw.

Dieser »In-Worte-gefasste-Bekenntnis«-Charakter des Denkens tritt im Buch von Wl. Iljin immer dort besonders deutlich hervor, wo es um weltanschauliche Grundfragen geht, und das sind für ihn in erster Linie Fragen nach den »Dingen an sich« oder der »Materie«, über die »Dinge für uns« oder »Erscheinungen« usw.

IX.

Was ist das »Ding an sich«? Unter dieser Worthülse finden wir im Buch von Wl. Iljin mindestens drei unterschiedliche Begriffe, die drei philosophischen Schulen entsprechen, deren Ideen unter den russischen Marxisten verbreitet werden. Schauen wir uns alle drei Begriffe der Reihe nach an, wir beginnen mit dem, der im Buch am häufigsten auftaucht.

Mit dem Ausdruck völliger Solidarität zitiert Wl. Iljin Passagen aus Feuerbach und Dietzgen, in denen der Gedanke aufgegriffen wird, dass es sich bei der Welt um *sinnliches Sein* handelt und das es in dieser Beziehung keinen wesentlichen Unterschied zwischen dem »Ding an sich« und dem »Ding für uns«, zwischen der »Materie« und der »Erscheinung« gibt.

> »›Der moderne philosophische Spiritualismus‹, sagt L. Feuerbach, ›welcher sich Idealismus nennt, macht dem Materialismus den ihn in seiner Meinung vernichtender Vorwurf, dass er Dogmatismus sei, d. h., dass er von der *sinnlichen* Welt als einer *ausgemachten*, objektiven Wahrheit ausgehe, dieselbe als eine *an sich*, d. h. ohne uns bestehende Welt voraussetze, während doch die Welt nur ein Produkt des Geistes sei.«[35]

»Ist das nicht klar genug?«, lautet Wl. Iljins Kommentar. »Die Welt an sich ist eine ohne uns bestehende Welt.« Und weiter: »Für Feuerbach ist das ›Ding an sich‹ ein ›Abstractum mit Realität‹, d. h. eine außer uns existierende Welt, vollständig erkennbar und von der ›Erscheinung‹ durch nichts prinzipiell unterschieden.«[36] (Von mir eingekürzt, um das lange Zitat zu vermeiden – A.B.)

> »Die Gegenstände unserer Vorstellungen«, erläutert danach unser Autor, »unterscheiden sich von unseren Vorstellungen, das Ding an sich unterscheidet sich von dem Ding für uns, denn letzteres ist nur ein *Teil* oder eine *Seite* des ersteren, so wie der Mensch selbst nur ein Teil der in seinen Vorstellungen abgebildeten Natur ist.«[37]

35 Ebd., S. 112. Die im Zitat kursiv gesetzten Worte im Original deutsch. Vgl. Ludwig Feuerbach: Über Spiritualismus und Materialismus, besonders in Beziehung auf die Willensfreiheit, in: ders.: Gesammelte Werke, Berlin 1982, Bd. 11, Kleinere Schriften IV (1851–1866), S. 170.

36 Ebd.

37 Ebd., S. 113. Hervorhebung – A.B.

»Die Erscheinung«, wird Dietzgen zitiert, »ist von dem, was erscheint, nicht mehr und nicht weniger verschieden, wie der zehn Meilen lange Inhalt eines Weges vom Wege selbst.«[38] Und Iljin ergänzt:

> »Kein prinzipieller Unterschied, kein ›Transzensus‹, keine ›angeborne Unverträglichkeit‹ ist hier vorhanden, noch kann sie vorhanden sein. Aber einen Unterschied gibt es selbstverständlich, es gibt einen Übergang über die Grenzen der sinnlichen Wahrnehmungen hinaus zur Existenz der Dinge außer uns.«[39]

»Nur das Sinnliche ist; es gibt kein anderes Sein als das materielle Sein«, zitiert W. Iljin aus Albert Schweglers »Geschichte der Philosophie im Umriß«, und unterstreicht seine Übereinstimmung mit deren Inhalt, indem er von »ABC-Wahrheiten« spricht.[40]

Mehr kann man meines Erachtens nicht verlangen. Es wird ausschließlich das sinnliche Sein anerkannt und gewissermaßen als dessen Teil oder Seite die Erscheinung, die menschliche Erfahrung. Das wird den Auffassungen der »Machisten« gegenübergestellt, die ausschließlich die »Erfahrung« anerkennen, ausschließlich die Welt der »Elemente«, was laut W. Iljin Idealismus, Metaphysik usw. ist.

Was stellen die »Elemente der Erfahrung« in Wirklichkeit dar, die W. Iljin im Namen des »sinnlichen Seins« ablehnt? Es sind Farben, Töne, das Harte, das Weiche, das Warme, das Kalte, Gerüche, Elemente, Formen oder Räume usw., von denen bei Mach, Avenarius, den »Machisten« und allen, die Rede ist, die sich dieses Begriffs bedienen. Sind nicht Farben, Töne, das Harte, Formen, die *sinnlichen Elemente* oder die *Elemente des sinnlichen Seins*? Offensichtlich *ja*. Gibt es also einen Unterschied zwischen W. Iljin und den »Machisten«? Offensichtlich *nicht*.

Die »Machisten« erkennen kein Sein außer dem sinnlichen an, oder was dasselbe ist, auf die sinnlichen Elemente zurückgeführt werden kann. Vielleicht sind ihre sinnlichen Elemente nicht die, in die W. Iljin das Sein zerlegt? Vielleicht kennt er andere, bessere? Das bleibt im Dunkeln, denn die Analyse der »Materie«, der »Erscheinung«, der »Dinge« usw. bezüglich der sinnlichen Elemente, kommt im gesamten Buch nicht vor.

38 Ebd., S. 114. Vgl. Josef Dietzgen: Das Wesen der menschlichen Kopfarbeit, in: ders.: Ausgewählte Schriften, Berlin 1954, S. 51–135, hier: S. 64 – Hervorhebungen von J. Dietzgen.

39 [Wl. Iljin]: Materialismus und Empiriokritizismus, in: LW, Bd. 14, S. 114.

40 Ebd.

Besteht das Wesentliche vielleicht gerade darin, dass ein wahrer Materialist eine solche Analyse nicht vornehmen muss? Das behauptet W. Iljin nirgends, und solange er diesen Unsinn nicht äußert, muss jeder voraussetzen, dass er diesen auch nicht denkt.

Kurzum, in diesem Punkt gibt es keinen Unterschied zu den »Machisten«. Ist der Grund für den Unterschied vielleicht in etwas Anderem zu suchen, nämlich darin, dass W. Iljin das »Ding für uns« oder die »Erscheinung« nur für einen *Teil* oder eine *Seite* des menschlichen Seins hält, und die »Machisten« das nicht anerkennen? O weh! Und auch hier gibt es keinen Unterschied. Die Machisten waren nie der Auffassung, dass vermittels der »Dinge für uns« oder, was dasselbe ist, den bereits in unsere Erfahrung eingegangenen Komplexen, die gesamte Welt der Elemente erschöpfend erfasst ist. Sie stellen sich die Angelegenheit so vor, dass die unterschiedlichen Komplexe der Elemente in die Erfahrung der Menschen mal durch diese Teile oder Seiten, mal durch andere, in geringerem Maße oder in umfangreicherem Maße, eingehen und im Maße der Entwicklung der Menschheit immer umfassender in deren Erfahrung übernommen werden. Um die für W. Iljin gewohnte Terminologie zu gebrauchen, werden diese Komplexe aus sinnlichen Dingen an sich zu sinnlichen Dingen für uns. Worüber soll eigentlich gestritten werden?

Den Unterschied zwischen »Gegenständen« und »unseren Vorstellungen von Gegenständen« sieht W. Iljin darin, dass »es einen Übergang über die *Grenzen* der sinnlichen Wahrnehmungen hinaus zur *Existenz* der Dinge außer uns«[41] gibt. Die Machisten definieren die »Existenz der Dinge außer uns« präziser, da sie sich nicht auf den räumlichen Ausdruck »außer uns« beschränken, denn auch eine Halluzination wird als etwas für uns Äußeres wahrgenommen, sie verweisen auf die *unabhängige* oder *objektive Verbindung* der Elemente, die die »Dinge« oder physische Komplexe bilden.

Somit steht W. Iljin hier auf dem ihm so verhassten »machistischen« Standpunkt. Indem er über die »Dinge für uns« nachdenkt, die »ein Teil oder eine Seite der Dinge an sich« sind, dabei sind sowohl diese als auch jene voll und ganz »sinnlichen« Charakters, wiederholt er mit anderen Worten genau jene Ideen, die auch sie vertreten.

Aber er schöpft doch seine Auffassungen aus Feuerbach, Engels und Dietzgen und nicht aus den »Machisten«? Zweifellos, und genau

41 Ebd.

darum geht es, in der vorliegenden Frage gibt es zwischen diesen und jenen keinen ernsthaften Unterschied, von der Terminologie abgesehen. Und aus diesem Grunde polemisieren die »Machisten«, wie zum Beispiel Basarow, nicht mit Feuerbach oder Dietzgen, sondern mit Plechanow, der eine radikal andere Position einnimmt, wofür W. Iljin ihnen mal vorwirft, die besten Materialisten nicht zu kennen, mal Feigheit diesen gegenüber an den Tag zu legen. Hier liegt zweifellos Unkenntnis vor, doch es ist die Unkenntnis W. Iljins bezüglich des »Machismus«, die Unkenntnis jener Beziehungen, die zwischen den »Machisten« und den alten Materialisten-Empirikern einerseits und den halb-kantianischen »Materialisten« vom Schlage Plechanows andererseits existieren.

X.

Wenn wir uns vor Augen führen, dass ein *Großteil* des Buches von W. Iljin, ungefähr zwei Drittel, den Vorwurf des Idealismus an die Adresse der »Machisten« zum Inhalt hat, zum Beweis werden unendlich viele Zitate aus den Werken der »Machisten«, mit ihnen sympathisierender und mit ihnen nicht sympathisierender Philosophen angeführt, stellt sich neben dem psychologischen Rätsel, wie unser Autor diese Polemik zusammentragen konnte, da er im Wesentlichen genau denselben Standpunkt wie seine Gegner einnimmt, noch ein logisches Rätsel: Wie vereinbart sich diese Polemik in seinem Kopf mit den eigenen Ansichten. Den Schlüssel zur Beantwortung der ersten Frage haben wir bereits, es ist das religiöse Denken, unnachgiebig im wörtlichen Bekenntnis, doch verworren in der Begrifflichkeit. Die zweite findet ihre Erklärung in der außerordentlich spezifischen philosophisch-kritischen, von unserem Autor angewandten Methode, die ich, um es höflich auszudrücken, als Methode der »Ersetzung von Begriffen« bezeichnen würde.

Das ist eine vollkommen simple Angelegenheit. Die »Machisten« reduzieren die Realität auf »Elemente der Erfahrung«. Was sind diese »Elemente«? Farben, Formen, Töne, Gerüche, Härte usw. Aber Hume hielt alles das, Farben, Formen, Töne, für *Empfindungen*![42] Folglich sind die »Elemente« eben jene Empfindungen. Berkeley hingegen sah in den Farben, Formen, Tönen *Ideen*! Folglich sind die Empfindungen dasselbe wie die »Ideen«! Somit sind »Elemente« ebenjene

42 Vgl. David Hume: Eine Untersuchung über den menschlichen Verstand, Berlin 1965, S. 21.

Ideen, und der »Machismus« reinster Idealismus, d. h. »Fideismus«, »Pfaffentum« usw.

Bei Mach und den Empiriokritikern ist die Auffassung der Erfahrung eine *realistische*: die Erfahrung – das sind Dinge und Abbilder, physische und psychische Komplexe. Die Elemente sind in beiden Fällen ein und dieselben; in den einen Komplexen sind es *Elemente von Dingen*, in den anderen – Elemente von Bildern oder *Empfindungen*. Die Elemente von Dingen (oder der »Umwelt«) – Farben, Formen, Härte, Weichheit usw., werden in ihrer objektiven, vom Individuum unabhängigen objektiven Verbindung gefasst: Im Komplex »Rosenblatt« verbindet sich die rote Farbe mit Weichheit, einer ovalen Form, süßem Duft usw. *objektiv* oder »gegenständlich«, d. h. völlig unabhängig davon, ob *»ich«* das Rosenblatt betrachte oder nicht, ob ich Farben richtig unterscheiden kann oder nicht, usw. Im Komplex »Wahrnehmung des Rosenblatts« wirkt die rote Farbe, wenn das »Ich« die Augen schließt, ändert sich die Farbe, sollte »ich« ein Daltonist sein, kommt die Wahrnehmung der »Weichheit« nur dann hinzu, wenn »ich« das Rosenblatt ertaste, während ich es ansehe, hier sind sowohl die rote Farbe als auch Weichheit und Geruch – »meine« *Empfindungen*.

Bei Hume, den Kantianern, Plechanow und anderen ist die Auffassung der Erfahrung eine *individuell-psychologische*: die Erfahrung – das sind *»meine«* psychischen Abbilder, und nichts weiter. »Meine« bedeutet, dass von keinerlei unabhängigem Zusammenhang der Elemente der Erfahrung die Rede sein kann, diese Beziehung ist stets eine *subjektive*, und sämtliche Bestandteile der Erfahrung sind stets nur »Empfindungen«, individuelle, »meine« Empfindungen. »Ich soll Ihnen also sagen, welche Farbe die Rose hat, wenn sie von niemandem betrachtet wird, wie sie duftet, wenn keiner daran riecht, usw. Ihre Frage ist so abgeschmackt, dass schon die Fragestellung jegliche Möglichkeit einer vernünftigen Antwort ausschließt.«[43]

Bei Berkeley ist die Auffassung der Erfahrung eine *idealistische* und deshalb sind sämtliche Bestandteile der Erfahrung für ihn elementare »Ideen«.

Mit anderen Worten: Bei unterschiedlicher Auffassung der Erfahrung überhaupt sind auch die Begriffe ihrer Bestandteile unterschiedlicher Art.

43 Georgi Plechanow: Materialismus militans. Antwort an Herrn Bogdanow, in: Plechanow: Eine Kritik unserer Kritiker, S. 249–351, hier: S. 283.

Wl. Iljins Schlussfolgerung lautet: Deshalb kann man diese verschiedenen Begriff unbefangen ersetzen, den einen Begriff durch den anderen, diesen durch einen dritten usw.[44]

Das ist eine völlig neue Methode, von der, wenn ich mich richtig erinnere, nicht einmal in der »Eristik«[45] die Rede ist, in der Schopenhauer, den Versuch unternommen hat, sämtliche anstößigen und unzulässigen Methoden der Disputation zusammenzutragen (vielleicht weil ihm die offensichtlich unsinnigen nicht eingefallen sind) – diese neue Methode kann bei weiterer Anwendung außerordentlich interessante und originelle Ergebnisse hervorbringen.

Wenden wir sie zum Beispiel auf ihren Erfinder an. Er behauptet, dass nur das »sinnliche Sein« existiert und kein anderes. Doch was ist das sinnliche Sein? Es ist völlig klar, dass es etwas ist, das sich aus sinnlichen Elementen zusammensetzt, d. h. Farben, Töne, Formen, Härte usw. Doch diese Elemente sind doch »jene Empfindungen« und die Empfindungen eben jene »Ideen«. Ist es nicht offensichtlich, dass in der Philosophie von W. Iljin Idealismus, Klerikalismus, Pfaffentum usw. vorkommt ... Wie wir bereits gesehen haben, kommt diese Schlussfolgerung der Wahrheit nahe. Bedeutet das, dass die Methode richtig ist? Das möge der Leser entscheiden.

Wenn er sich entscheidet, möge er folgende wichtige Überlegung auf die Waagschale legen: wenn er zu einer negativen Lösung kommt, wird er gezwungen sein, mindestens zwei Drittel des philosophischen Traktats von Wl. Iljin zu behandeln, als seien sie überhaupt nicht geschrieben worden.

Eine Variante dieser Methode ist die von unserem Philosophen praktizierte Methode der »Ersetzung« von Autoren. Hans Cornelius betont sein Bestreben, »in den Fußstapfen von Mach und Avenarius zu wandeln«[46], er wird von Mach »empfohlen« als derjenige, »der den Kern der avenariusschen Arbeiten bloßgelegt habe!«[47]

> »Man vergleiche damit A. Bogdanows Behauptung, dass in der machschen Philosophie, die jedes ›Ding an sich‹ leugnet, für die Idee Gottes,

44 Mir ist klar, dass alles das einem logisch denkenden Menschen als völlig unwahr erscheinen mag, doch aus Platzmangel und im Interesse der Darlegung kann ich nicht sehr viele Zitate anführen. Ich kann dem Leser nur empfehlen, im Original auf den Seiten 6–10, 30–32, 36, 47, 48, 49, 53 usw. nachzusehen. [Anm. A.B.]

45 Gemeint ist: Arthur Schopenhauer: Die Kunst, recht zu behalten, Ditzingen 2018.

46 [Wl. Iljin]: Materialismus und Empiriokritizismus, in: LW, Bd. 14, S. 216.

47 Ebd., S. 217.

> der Willensfreiheit, der Unsterblichkeit der Seele *absolut kein* (hervorgehoben von Bogdanow) Platz ist und ›kein Platz sein kann‹.«[48]

Zwei Seiten weiter wird Mach, dieser Methode folgend, durch Kleinpeter ersetzt und nach einigen Zitaten feierlich die Schlussfolgerung verkündet: Urteilen Sie selbst über den Mut der Erklärungen von Bogdanow, »dass in der machschen Philosophie ›für die Willensfreiheit absolut kein Platz‹ sei, wo doch Mach selbst einen Kerl wie Kleinpeter *empfiehlt*!«[49]

Eine sehr fruchtbare Methode. Wenn *A B* empfiehlt, wozu dann *A* kritisieren, denn es reicht doch völlig aus, *B* zu entlarven. Und wenn *B* dabei *C* empfiehlt, dann ist es noch besser, *A* für die Taten von *C* zu entlarven, usw., die Kette der philosophischen »Protektion« kann bis in die Unendlichkeit fortgesetzt werden. Wenn Avenarius für sämtliche Meinungen des »in seinen Fußstapfen« laufenden Cornelius verantwortlich ist, müsste klar sein, dass auch Engels für alle Entdeckungen jener verantwortlich ist, die »in seinen Fußstapfen« laufen. Wl. Iljin? Und wenn man berücksichtigt, dass Engels Hegel »empfiehlt«, wie kann man dann daran zweifeln, dass Wl. Iljin ein Idealist reinsten Wassers ist?

Doch das, was Ihnen, lieber Leser, unwahrscheinlich erscheint, lässt sich leicht unter Hinweis auf die Gewohnheiten des autoritären Denkens erklären. Nehmen Sie eine x-beliebige autoritäre Organisation, und sei es die moderne Bürokratie: Ist der jeweilige Chef nicht verantwortlich für die Handlungen seiner Untergebenen? Und müssen diese nicht genau seine Anweisungen befolgen? Übertragen Sie diesen Blickwinkel auf das Gebiet der philosophischen Polemik – und vor Ihnen erscheint die neue Methode von Wl. Iljin.

XI.

Wie bereits angemerkt, ist die gewöhnlich-empirische oder realistische Auffassung der »Dinge an sich« und der »Dinge für uns« bei Wl. Iljin die vorherrschende, aber nicht die einzige. Er ist ja vor allem ein viel zu treuer Schüler Plechanows, um nicht ab und zu dessen Standpunkt einzunehmen. Und für Plechanow ist das »Ding an sich« nicht das »sinnliche Sein«, das mit dem »Ding für uns« prinzipiell identisch ist.

48 Ebd.
49 Ebd., S. 220.

Wie bekannt, unterliegt Plechanow dem Einfluss des Kantianismus, zunächst ordnete er den »Dingen an sich« irgendeine spezifische »Natur«, »Eigenschaften«, »Formen« zu, von denen wir uns keinen Begriff machen können, weil die »Erscheinungen« oder »Dinge für uns«, mit denen wir es in der Erfahrung zu tun haben, eigentlich nur »Zeichen«, »Hieroglyphen« dieser »Dinge an sich« sind. Später hat sich Plechanow von dieser Sichtweise distanziert und behauptete fortan, dass Dinge an sich selbstverständlich existieren, aber über keinerlei »Gestalt« verfügen, außer der, die in ihrer Erscheinung, in ihrer »Wirkung auf unsere Sinnesorgane« zum Ausdruck kommt. Diese zwei Auffassungen erläuternd – die Erde zum Beispiel existierte selbstverständlich, auch bevor es Leben auf ihr gab, doch vom Standpunkt des ersten Anblicks ähnelte sie nicht dem, wie wir sie uns, gestützt auf unsere Sinneswahrnehmungen, vorstellen. Ihre »Gestalt« war eine völlig andere und für uns völlig unzugängliche; der zweiten Auffassung nach hatte sie überhaupt keine »Ähnlichkeit«, keine »Gestalt«, sondern erhielt diese erst, als lebendige Wesen auftauchten, die über Sinnesorgane verfügten und die »Erde an sich« begann »auf sie einzuwirken«.

Diese zwei Sichtweisen sind durch und durch metaphysisch und philosophisch wertlos. Die erste strebt danach – entgegen der grundlegenden Forderung der Wissenschaft – das uns Bekannte, d. h. die »Erscheinung«, über das »Ding an sich« zu erklären, von dem lediglich bekannt ist, dass es keinerlei Ähnlichkeit mit der Erscheinung hat. Die zweite Sichtweise schreibt den »Dingen an sich« eine nackte Existenz bar jeden sinnlichen Charakters zu, eine »Existenz«, die logisch gleichbedeutend mit *Nichtexistenz* ist, wie Hegel (in seiner »Logik«) gezeigt hat. Denn wenn dem »Sein« jeglicher reale, der Erfahrung zugängliche Inhalt, d. h. sämtliche den Sinnen zugängliche Elemente, abgesprochen wird, dann bleibt in Wirklichkeit *nichts übrig*, was völlig klar ist, da jeder Begriff der Erfahrung entspringt, und wenn das Sein keine Elemente der Erfahrung in sich birgt, ist es leer und drückt keinerlei Sein aus. Wenn also die Erde vor der Herausbildung des Lebens lediglich »war«, aber über keinerlei »Gestalt«, über keinerlei Eigenschaften, über keine sinnlichen Elemente verfügte, dann bedeutet das, dass es sie *nicht gegeben hat*. »Nur das Sinnliche existiert«, haben die Empiriker stets zu Recht betont.

Es ist ferner auch völlig klar, dass auch Plechanow selbst nicht in der Lage ist (wie alle Metaphysik) an einer der zwei immanent-widersprüchlichen Sichtweisen festzuhalten, er schwankt zwischen beiden hin und her und kann keinen stabilen Standpunkt finden. Bis 1905 vertrat er die erste Sichtweise auf die »Dinge an sich« (»Hieroglyphen«), 1905 distanzierte er sich von dieser (in den Anmerkungen zur neuen Ausgabe von Engels' »L. Feuerbach«), 1906 wiederholte er sie im Buch »Kritik unserer Kritiker«, im Artikel »Was ist Materialismus«, und zurzeit verwirft er sie wieder mit Nachdruck. Auf jeden Fall, weder hier noch dort, kommt dem »Ding an sich« sinnliches Sein zu, was bedeutet, dass es sich wesentlich vom »Ding« bei Feuerbach, Engels und anderen Empirikern unterscheidet.

Basarow hat, als er Plechanows Gesichtspunkt (in einem Artikel im Sammelband »Skizzen zur Philosophie des Marxismus«)[50] untersuchte, zurecht festgestellt, dass, wenn die Dinge keine andere Gestalt haben als die, die lebendige Organismen über ihre Sinnesorgane wahrnehmen, dann haben wir es zum Beispiel mit einer Gestalt zu tun, die in den Formen der Wahrnehmung von Ichthyosauriern oder Archäopteryxen, den am höchsten entwickelten Lebewesen der damaligen Zeit, existierte. Mit unseren Wahrnehmungsformen sind diese nicht vergleichbar, denn damals gab es noch keine menschlichen Sinnesorgane und demzufolge konnte es auch keine ihnen entsprechende »Gestalt« geben.

Jetzt mischt sich Wl. Iljin in diese Polemik ein. Auf wessen Seite stellt er sich, auf die Seite Basarows, der kein anderes Sein anerkennt als das »sinnliche«, oder auf die Seite Plechanows, der das nichtsinnliche Sein anerkennt, das keine »Gestalt« und offensichtlich keine Form, Härte, Geruch usw. hat? O weh! Entgegen seiner ersten, »machistischen« Sicht auf diese Frage stellt er sich auf entschiedene Weise auf die Seite Plechanows.

> »Basarow bildet sich ein, Plechanow festgenagelt zu haben. Wenn die Dinge an sich außerhalb ihrer Wirkung auf unsere Sinnesorgane keinerlei Gestalt haben, so bedeutet das, dass sie in der Sekundärzeit nicht anders als in ›Gestalt‹ der Sinnesorgane der Ichthyosaurier existierten. Und das soll die Betrachtung eines Materialisten sein?! Wenn die ›Gestalt‹ das Resultat der Wirkung

50 Vladimir Bazarov: Misticizm i realizm našego vremeni [Mystizismus und Realismus unserer Zeit], in: Očerki po filosofii marksizma [Skizzen zur Philosophie des Marxismus], St. Petersburg 1908, S. 11ff. Der Sammelband enthält Beiträge von Wladimir Basarow, Alexander Bogdanow, Anatoli Lunatscharski, Jakow Berman, Osip Gelfond, Pawel Jushkewitsch und Sergej Suworow.

> der ›Dinge an sich‹ auf die Sinnesorgane ist, folgt dann daraus, dass die Dinge *unabhängig* von irgendwelchen Sinnesorganen nicht *existieren*??«[51]

Man fragt sich, ist diese tugendhafte Empörung vernünftig? Jedem – höchstwahrscheinlich auch Wl. Iljin selbst – müsste klar sein, dass das Wort »Gestalt« sowohl von Plechanow als auch von Basarow zur Kennzeichnung nicht eines speziell optischen, sondern des allgemein *sinnlichen* Charakters der Dinge verwendet wird. Und da man sich das Sein des Nicht-Sinnlichen auf keinerlei Weise vorstellen kann, kann man es sich nur sinnlich vorstellen, Letzteres macht Plechanow völlig von *vorhandenen* »Sinnesorganen« abhängig, dann ist zweifelsfrei, dass Dinge der Jura-, der Kreide- und anderer Formationen nur in den Formen vorgestellt werden können, die den damaligen Sauriern eigen waren. Das ist selbstverständlich keine einfache Aufgabe, aber vielleicht bekommt das Plechanow irgendwie hin.

Worüber ärgert sich Wl. Iljin? Und warum ärgert er sich über Basarow?

Wenn Wl. Iljin auf seiner ersten, von uns oben erläuterten Position stehen würde, müsste er über Plechanow erbost sein und ihm sinngemäß das Folgende sagen: »Verehrter Lehrer, dass was sie über Dinge sagen, die keine Gestalt haben, ist purer Unsinn. Es gibt keine anderen Dinge als sinnliche, d. h. Dinge, die über eine ›Gestalt‹ verfügen, über Umfang, Härte, Geruch, alles das zusammengenommen oder teilweise, und eventuelle sogar noch über viel mehr, was von unseren Sinnesorganen nicht, aber von anderen Wesen durchaus wahrgenommen wird. Die ›Gestalt‹ des *Dinges für uns* ist nur ein ›Teil oder eine andere Seite‹ jener an Inhalt unvergleichlich reicheren ›Gestalt‹, die dem *Ding an sich* eigen ist.

Vergeblich predigen sie eine solche Metaphysik und geben diese als Materialismus aus, wofür sie von meinem Gleichgesinnten im Hinblick auf diese Frage, Basarow, zurecht ausgelacht werden.«

Stattdessen blafft W. Iljin Basarow an: »Ignoranz ist kein Argument [ ] unverzeihliche Konfusion [ ] literarische Unanständigkeit.«[52] Wie kam dieser Wirrwarr zustande?

Die Erklärung lässt sich auf zwei Momente zurückführen. Dank der Verworrenheit des religiösen Denkens und der für dieses Denken

51 [Wl. Iljin]: Materialismus und Empiriokritizismus, in: LW, Bd. 14, S. 75.

52 Ebd., S. 76.

überwiegenden Bedeutung wörtlicher Bekenntnisse ist Wl. Iljin nicht in der Lage, seine Position von der Plechanows zu unterscheiden, da Letzterer »sich auch als dialektischen Materialisten« bezeichnet, während Basarow dies nicht tut. Und außerdem muss man der Autorität Rechnung tragen, denn was kommt dabei heraus, wenn jeglicher Basarow sich herausnimmt Kritik zu üben? Und gegen wen? Gegen Plechanow *selbst*, und was für eine Kritik? Eine unehrenhafte und verhöhnende Kritik. Und Sie werden verstehen, verehrter Leser, dass hier Geschrei nicht zu vermeiden war ...

Und das W. Iljin hierbei zu einer völlig anderen Konzeption der »Dinge« übergegangen ist, als der, die er im Großteil seines Buches inbrünstig verteidigte, kann man sich da über derartige Kleinigkeiten aufregen? Denn außer dieser zweiten hat er im Hinblick auf diese Frage noch eine dritte Auffassung parat.

XII.

Kann man die Widerspiegelung irgendeines Dings als dessen »Teil« oder als eine seiner Seiten ansehen? Offensichtlich nicht, denn es sind zwei völlig verschiedene Begriffe, und es wäre seltsam, zum Beispiel das eigene Spiegelbild für einen Teil seines Körpers oder für eine seiner »Seiten« zu halten. Hier geht es um ein anderes Verhältnis, um eine ursächliche Verbindung: Die Widerspiegelung ist durch das »Widergespiegelte« *bedingt* und gleichzeitig das »Widerspiegelnde«. So können die Schwankungen des Quecksilberspiegels im Thermometer als »Widerspiegelung« der Temperaturänderungen in der Atmosphäre angesehen werden; und sie werden einerseits selbstverständlich vom Wärmezustand der Luft (das »Widergespiegelte«) und andererseits in nicht geringerem, sondern höherem Maße, vom Aufbau des Thermometers selbst bestimmt, denn in einem gewöhnlichen mit Quecksilber gefülltem Gefäß haben die Quecksilberschwankungen weder jene Größe noch jene Genauigkeit, wie im Thermometer. Und die Thermometerschwankungen für einen »Teil« der atmosphärischen Veränderungen der Temperatur zu halten, wäre ohne Zweifel Unsinn.

Bei Engels findet man Formulierungen, in denen die menschlichen Wahrnehmungen und Vorstellungen von den Dingen als »Abbilder« oder »Kopien« der Dinge, als deren »Widerspiegelung« charakterisiert werden. W. Iljin unterschreibt selbstverständlich auch diese Formulierungen, wie er alles unterschreibt, was Engels äußert. Mit dem Ausdruck völliger Solidarität zitiert Iljin folgende Definition von Albrecht Rau: »Die Sensationen, welche die Dinge in uns bewirken, sind Abbilder vom Wesen dieser Dinge.«[53]

> »Unveränderlich ist, vom engelsschen Standpunkt«, sagt W. Iljin an anderer Stelle, »nur eines: die Widerspiegelung im menschlichen Bewusstsein (sofern menschliches Bewusstsein existiert) der unabhängig von demselben existierenden und sich entwickelnden Außenwelt.«[54]

Aus Helmholtz zitiert Wl. Iljin: »Unsere Anschauungen und Vorstellungen sind Wirkungen, welche die angeschauten und vorgestellten Objekte auf unser Nervensystem und unser Bewusstsein hervorgebracht haben.« Und er fügt hinzu: »Das ist Materialismus.«[55] Offensichtlich ist aber, dass es sich hier auch um die »Widerspiegelungstheorie« handelt.

Auf den ersten Blick kann es scheinen, dass wir es hier mit einer einfachen Rückkehr zu Plechanow zu tun haben, der ebenfalls ständig davon redet, dass die »Erscheinungen« »Ergebnisse der Wirkung« der Dinge an sich auf die Sinnesorgane sind, oder, mit anderen Worten, Abbildungen bestimmter Dinge in der menschlichen sinnlichen Organisation. Doch zwischen Plechanow und Iljin gibt es einen großen Unterschied, den man nicht aus dem Blick verlieren sollte. Für Plechanow haben die Dinge an sich keinen *sinnlichen* Charakter, der nur ihren »Erscheinungen« eigen ist, was bedeutet, dass sie sich von Letzteren prinzipiell unterscheiden. Für Iljin hingegen, was er oft hervorhebt, »gibt es kein anderes Sein, als das sinnliche«[56] und die Dinge an sich sind prinzipiell gleichartig mit Erscheinungen. Das ist keine metaphysische Theorie wie bei Plechanow, sondern eine *empirische* Widerspiegelungstheorie. Es liegt auf der Hand, dass sie nicht vereinbar ist mit den beiden Sichtweisen von Iljin auf das »Ding an sich«, von denen oben die Rede war. Das, womit wir es jetzt zu tun haben, ist eine *dritte* Konzeption. Und sie verdient es, länger bei ihr zu verweilen.

Handelt es sich bei Widerspiegelung um das völlige und exakte Ebenbild des »Widergespiegelten«? Obwohl die Termini »Kopie«,

53 Ebd., S. 234.

54 Ebd., S. 262.

55 Ebd., S. 231–232.

56 Ebd., S. 125.

»Abbild«, »Spiegelung« Anlass zu einer solchen Interpretation sein können, gibt es auch präzisere und weniger anschauliche Formulierungen wie »das Ergebnis der Wirkung der Dinge an sich auf uns« usw., die eigentlich dagegensprechen, denn warum sollte »das Ergebnis der Wirkung« ein Spiegelbildliches sein? In der Erfahrung kann von einer derartigen Übereinstimmung sehr oft keine Rede sein. Wenn zum Beispiel die Schallwellen auf die Nadel wirken und über diese auf die Walze des Phonographen – ähnelt in diesem Falle das »das Ergebnis der Wirkung« der Melodie, die sich im Ergebnis »spiegelt«? Natürlich nicht, doch erstens unterscheidet es sich nicht »prinzipiell« von der Melodie, da das Ergebnis dem gleichen sinnlichen Sein angehört, der gleichen »Welt der Elemente«; zweitens wird das Ergebnis durch die Melodie bestimmt, wie überhaupt das Bedingte durch die Bedingungen bestimmt wird. Zwei unterschiedliche »Abbilder« ein und desselben »Dinges an sich« sind ab und zu derart verschieden, dass es sogar schwer ist, sie zu vergleichen. Ein Blutstropfen, der als »Ding für uns« genommen wird, ist in seiner gewöhnlich zu beobachtenden Form eine gleichartige undurchsichtige rote Kugel; unter dem Mikroskop aber – d. h. auch als »Ding für uns«, nur unter anderen Beobachtungsbedingungen – erscheint sie als fließende durchsichtige Flüssigkeit, in der Millionen schwachgelblicher zweifach konkaver Teilchen sowie Zehntausende farblose amöbenförmige lebende Zellen schwimmen. Es ist völlig klar, dass weder das eine noch das andere »Abbild« als das genaue Ebenbild des Abgebildeten gelten kann, des Blutstropfens »an sich«, weder das eine noch das andere »Abbild« wird durch das »Abgebildete« bestimmt, oder, um es »auf machistisch« auszudrücken, es befindet sich in funktionaler Abhängigkeit vom »Abgebildeten«.

Der Regel folgend, den zu kritisierenden Autor im Falle von Unklarheiten zu seinen Gunsten zu interpretieren, müssen wir annehmen, dass er, wenn er von »Abbildern« spricht, nicht die vulgäre Auffassung von unmittelbarer Übereinstimmung, sondern die wissenschaftliche Konzeption der Abhängigkeit des »Resultates« von der »Ursache«, die »wirkt«, meint. Wenn dem so ist, welcher Art ist dann seine dritte Auffassung von den »Dingen« und den »Erscheinungen«?

Die »Dinge an sich« werden für das sinnliche Sein gehalten, d. h. für Komplexe von Elementen, die den sinnlichen Elementen der Erfahrung ähnlich sind. Diese Komplexe »wirken« aufeinander, »spiegeln« sich ineinander, darunter im menschlichen Bewusstsein.

Bei den letztgenannten »Spiegelungen« handelt es sich ebenfalls um Komplexe von Elementen, und sie ergeben das, was wir »Wahrnehmung« von Dingen und Vorstellungen von ihnen nennen.

Jeder, der meine Arbeiten kennt, wird zweifelsfrei, jedoch nicht ohne erstaunt zu sein, in W. Iljins Auffassung die *empiriomonistische Theorie der Substitution* erkennen. W. Iljin kritisiert sie auf das Schärfste, »das sind Wahnideen des philosophischen Idealismus, das ist ein Hohn auf die Naturwissenschaft«.[57] Doch eine Tatsache bleibt eine Tatsache, in einigen Teilen seines Buches tritt Wl. Iljin, ob er das will oder nicht will, als *Empiriomonist* auf und propagiert seine *allgemeingültige Theorie der Substitution.*

Ich muss zugeben, dass ich nicht stolz auf meinen neuen Gefolgsmann bin. Gleichzeitig kann ich feststellen, dass die Tatsache als solche für mich weder neu noch rätselhaft ist. Ich kann dies sogar als Erfüllung meiner alten, vor über drei Jahren geäußerten Vorhersage werten. Ich war es, der Plechanow damals davon überzeugen wollte, dass, sollte er aus seiner »Widerspiegelungstheorie« alles Metaphysische eliminieren und den Versuch unternehmen, das »Ding an sich« als sinnliches Sein und nicht als unerkennbares kantianisches Noumenon aufzufassen, er völlig logisch zur allgemeinen Substitutionstheorie gelangt.[58] Im vergangenen Jahr habe ich erneut mit Nachdruck auf diesen logischen Weg zum Empiriomonismus hingewiesen und auf seine direkte Antwort gehofft.[59] Von Plechanow habe ich keine Antwort erhalten, er hat es vorgezogen, über andere Dinge zu sprechen. Dafür hat mir Wl. Iljin moralische Befriedigung verschafft, indem er das getan hat, was ich Plechanow vorgeschlagen hatte, so waren die von mir verfassten, oben genannten Seiten aus meinen Werken zumindest, was Wl. Iljin angeht, nicht vergeblich. Selbstverständlich handelt es sich bei der Substitutionstheorie noch nicht um den gesamten Empiriomonismus, aber auf jeden Fall um den halben Empiriomonismus, und dabei um jene Hälfte, die von der Mehrheit meiner Kritiker – W. Iljin eingeschlossen – besonders bekämpft wird.

57 Ebd., S. 227.

58 Ėmpiriomonizm, Kniga III, St. Petersburg 1906, [Predislovie] S. xxxv–xxxvi. [Anm. A.B.]

59 Prikljućenie odnoj filosofskoj školy [Das Abenteuer einer philosophischen Schule], St. Petersburg 1908. [Anm. A.B.]

XIII.

Wir haben Wl. Iljins Auffassungen zu zwei Grundfragen untersucht und haben mindestens sechs Auffassungen herausgearbeitet, ein für einen Philosophen ungewöhnlicher Reichtum an Gedanken. Jetzt wende ich mich der ablehnenden oder eigentlich kritischen Seite seiner Arbeit zu und gestatte mir, auf seine Polemik gegen den Empiriomonismus einzugehen.

Eine der Besonderheiten des Empiriomonismus besteht darin, dass er Fragen aufwirft und einige zu lösen versucht, die von den Empiriokritikern und insbesondere von unserer materialistischen Schule Plechanows beiseite geräumt werden. Dazu gehört die Frage nach der Erklärung des Unterschieds zwischen Physischem und Psychischem, nach der *Untersuchung der Genesis* des physischen und psychischen Zusammenhangs der Erfahrung. Die Empiriokritiker sind der Auffassung, dass es ausreicht, diese oder jene Verbindung und ihren Unterschied zu *konstatieren*, dass die Aufgabe der Philosophie damit endet, dass das »Physische« und »Psychische« uns *gegeben* sind, und dass sich die Frage nach dessen Ursprung erübrigt. Und die Plechanow-Schule ist, was diese Fragen angeht, noch eine gemäßigte. Sie operiert ständig mit Begriffen wie »Natur« und »Seele«, »materielles« und »geistiges«, mit für alle sehr gewohnten, und gerade deshalb verworrenen Begriffen, die in unterschiedlicher Bedeutung und vielfältigen Nuancen Anwendung finden; und sie gibt diesen Begriffen keine Definition, außer der, dass die »Natur« oder die »Materie« das Primäre, und der »Geist« das Sekundäre ist. Darüber hinaus weigert sich diese Schule prinzipiell, eine andere Definition dieser zwei Grundbegriffe zu geben, indem sie behauptet, dass wenn es sich bei der »Materie« oder der »Natur« um das Primäre handelt, dann unterliegt sie keinerlei Definition, denn alles wird über sie definiert, der »Geist« eingeschlossen. Auf diesem Standpunkt stehen Orthodox, Deborin und Rachmetow in stillem Einvernehmen mit Beltow[60] und Plechanow, auf die diese wechselbezogene Bestimmung von Materie und Geist und umgekehrt zurückgeht.

Die Ergebnisse dieser Polemik waren offensichtlich für diejenigen völlig klar, die ihr folgen konnten, als Wl. Iljin die Bühne betrat und seine autoritäre Meinung in die Waagschale warf, dieses Mal zum Glück nur eine, aber dafür sehr bestimmte.

60 Bei Beltow handelt es sich um ein Pseudonym von Plechanow.

> »Was heißt etwas ›definieren‹? Es heißt vor allem, einen gegebenen Begriff auf einen anderen, umfassenderen zurückzuführen. Wenn ich zum Beispiel definiere: Der Esel ist ein Tier, so führe ich den Begriff ›Esel‹ auf einen umfassenderen Begriff zurück. Es fragt sich nun, gibt es umfassendere Begriffe, mit denen die Erkenntnistheorie operieren könnte, als die Begriffe Sein und Denken, Materie und Empfindung, Physisches und Psychisches? Nein. Das sind die weitestgehenden, die umfassendsten Begriffe, über die die Erkenntnistheorie dem Wesen der Sache nach (wenn man von den stets möglichen Änderungen der Nomenklatur absieht) bis jetzt nicht hinausgegangen ist. Nur Scharlatanerie oder äußerste Beschränktheit kann eine ›Definition‹ dieser beiden ›Reihen‹ der umfassendsten Begriffe fordern, die nicht aus ›einfacher Wiederholung‹ bestehen würde: das eine oder das andere wird als das Primäre genommen.«[61]

Und er fährt fort:

> »Es genügt, die Frage klar zu stellen, um zu begreifen, was für groben Unsinn die Machisten reden, wenn sie von den Materialisten eine Definition der Materie verlangen, die nicht auf eine Wiederholung dessen hinausliefe, dass Materie, Natur, Sein, Physisches das Primäre, während Geist, Bewusstsein, Empfindung, Psychisches das Sekundäre sind.«[62]

Es sieht nicht gut aus für die »Machisten«. Aber ungeachtet dessen? Was, wenn wir versuchen, einen »umfassenderen Begriff« zu finden, und mit diesem wenn schon nicht die »Materie« und den »Geist«, dann wenigstens das Physische und Psychische zu definieren, was W. Iljin zufolge, genauso schwer ist, für uns hingegen bequemer, weil diese Begriffe viel klarer sind.

Sowohl das Physische als auch das Psychische werden *erkannt*, d. h. sie bilden das *Material der Erkenntnis*, oder, was denselben Gedanken zum Ausdruck bringt, sie gehören beide der *Erfahrungs*welt an. Hier haben sie bereits einen »allgemeineren Begriff«.

Fahren wir fort. Die Erfahrung oder das Material der Erkenntnis können wir analysieren. Wir analysieren so gewissenhaft als möglich und führen die Analyse so weit als möglich durch. Wir gelangen zu

61 [Wl. Iljin]: Materialismus und Empiriokritizismus, in: LW, Bd. 14, S. 141.

62 Ebd., S. 142.

»Elementen der Erfahrung«. Die Machisten erkennen als solche Elemente Farben, Töne, Formen, Gerüche usw. an. Der Empiriomonismus ist der Meinung, dass es sich bei Elementen der Wahrnehmung um Prozesse der *Entstehung oder des Verschwindens in der Wahrnehmung* von Farben, Tönen, Formen usw. handelt, d. h. anstelle der »machistischen« *statischen* Elemente setzt er *dynamische*. Auf diesen Unterschied gehen wir nicht weiter ein, wichtig ist nur, dass uns die Analyse zu diesen oder jenen Elementen führt, und solange wir sie nicht weiter zerlegen, müssen wir uns mit ihnen zufriedengeben.

Kurzum, wir haben es mit Elementen der Erfahrung zu tun. Sind sie für das »Physische« und das »Psychische« ein und dasselbe oder sind sie verschieden? Offensichtlich sind sie *ein und dasselbe*, egal ob wir auf die »machistische« oder die empiriomonistische Konzeption zurückgreifen. Sowohl die »physischen« als auch die »psychischen« Erscheinungen und »Umweltprozesse«, die »Wahrnehmungen«, die »Vorstellungen« usw., zerfallen in Elemente der Farbe, Töne, des Harten, des Weichen, der Form usw., die in der Erfahrung entstehen oder verschwinden. Somit verfügen wir über noch einen »viel allgemeineren Begriff«: den der Elemente der Erfahrung.

Gehen wir noch einen Schritt weiter. In welchen Wechselbeziehungen treten Elemente der Erfahrung auf? In dieser oder jener bestimmten *Verbindung*. Und das ist auch der dritte, viel allgemeinere Begriff: die Verbindung der Elemente.

Sodann untersuchen wir das Wesen der Verbindung der Elemente im »Physischen« und im »Psychischen«. Es ist *verschieden*. Jetzt ist klar, wenn wir aufzeigen, um was für eine Verbindung es sich in diesem oder jenem Falle handelt, dann erhalten wir die *Definition* des »Physischen« und des »Psychischen« durch allgemeinere Begriffe – Erfahrung, Elemente, Verbindung. Um die Erläuterung nicht komplizierter zu machen, führe ich hier weder die machistischen noch die empiriomonistischen Definitionen an, denn von ihnen wird im Folgenden noch die Rede sein. Die Tatsache liegt auf der Hand, dass sie *existieren* und dass sie auf gesetzmäßige Weise entstanden sind, durch genaue Analyse und Subsumtion des Teiles unter das Ganze.

Kurzum, wer ist schuld am »größten Unsinn«, an der »Scharlatanerie oder äußerste(r) Beschränktheit«?[63] Scheinbar sind es die Gesetze der Logik.

63 Ebd., S. 141.

Wl. Iljin schreibt:

> »Die Genialität von Marx und Engels äußerte sich denn auch unter anderem darin, dass sie das gelahrte Spiel mit neuen Worten, mit ausgetüftelten Termini und schlauen ›Ismen‹ verachteten und einfach und unumwunden erklärten: Es gibt eine materialistische und eine idealistische Linie in der Philosophie und dazwischen verschiedene Schattierungen des Agnostizismus.«[64]

Eben, sie verachteten die »Ismen«, und erklärten einfach: Materialismus, Idealismus, Agnostizismus. Wie kann man nur solch nicht zur Sache gehörendes Zeug daherreden.

Die Krönung dessen ist die Schlussfolgerung unseres Autors:

> »Die krampfhaften Bemühungen, einen ›neuen‹ Standpunkt in der Philosophie zu finden, kennzeichnen eine ebenso große geistige Armut wie die Bemühungen, eine ›neue‹ Werttheorie, eine ›neue‹ Rententheorie u. dgl. m. zu schaffen.«[65]

Somit ist die Wissenschaft zum Stillstand gekommen ...

Was für ein Glück für Marx, dass Wl. Iljin heute lebt und nicht vor 60 Jahren, als Marx die Frechheit besaß, für seine Zeit »neue« Standpunkte auf allen genannten Gebieten zu finden!

Der Konservatismus des autoritären Denkens ist seinem Wesen nach immer und überall gleich.

XIV.

Die zweite Besonderheit des Empiriomonismus und dessen Unterschied von der Mach-Avenarius-Schule besteht darin, dass er die Verbindung der Elemente der Erfahrung als *Organisation* der Elemente begreift und nicht als ihre einfache Verknüpfung zu Komplexen und Reihen mit Gesetzmäßigkeiten.

Der Begriff »Organisation« unterscheidet sich vom Begriff »Verknüpfung« nicht nur dadurch, dass er den Gedanken des *Widerstandes* des organisierten Komplexes gegen jegliche Zerlegung oder Veränderung überhaupt einschließt, die beliebige äußere Einflüsse bewirken, sondern auch die Idee der *historischen Entwicklung* der gegebenen

64 Ebd., S. 142.
65 Ebd.

Verbindung, die im Zuge des Kampfes ihrer Formen geschaffen, zerstört und umgestaltet wird. Diese Seite der empiriomonistischen Konzeption lässt die Frage nach der »Erklärung« des Unterschiedes zwischen der physischen und der psychischen Erfahrung zu – d. h. der Frage nach der Entstehung und der Entwicklung des einen und des anderen, nach ihrer genetischen Wechselbeziehung.

Ich habe hier nicht die Möglichkeit, die Methoden und Ergebnisse meiner Forschungen in aller Ausführlichkeit darzulegen. Das habe ich in anderen Arbeiten getan.[66] Die Schlussfolgerung lautete, dass sich die physischen und die psychischen Komplexe voneinander durch den *Typus* und den *Grad* der Organisation unterscheiden.

Kennzeichnend für die psychischen Komplexe ist niedrigere, *assoziative* Form der Organisation, oder was dasselbe ist, eine »subjektive«, dies ist die *individuell* organisierte Erfahrung. Die physischen Komplexe hingegen, »Körper« und »Prozesse«, die wir als in unserer »Umwelt« »gegeben« ansehen, verfügen über eine höhere Form der Organisation, eine »objektive Gesetzmäßigkeit«, hinter der sich der kollektive Arbeits- und Erkenntnisprozess verbirgt, der immer strukturiertere und kompliziertere Gruppierungen von Elementen hervorbringt, das ist die *gesellschaftlich* organisierte Erfahrung.

Nachdem ich herausgefunden hatte, dass bereits der assoziativen oder psychischen Organisation der Erfahrung ein ausgesprochen hoher Grad zukommt, der sich nur auf dem Wege einer langen historischen Komplikation und Vervollkommnung der Formen der Verbindung von Elementen herausbilden konnte, gelangte ich zu der Schlussfolgerung, dass sowohl in der Vergangenheit als auch in der Gegenwart alle möglichen *niederen Grade* vom Chaos der Elemente bis hin zur organisierten *Erfahrung*, und sei sie noch so schwach oder unvollkommen, existierten. Diese niederen Komplexe entsprechen der materialistischen Auffassung einer Natur *ohne* den Menschen und andere Lebewesen, *ohne* Beziehung auf das Individuelle oder das kollektive Subjekt, den »anorganischen Dingen an sich«. Das, was wir in unserer Erfahrung als »Dinge« bezeichnen, sind ausschließlich »Dinge in uns«, Ergebnis unserer organisierenden Tätigkeit, unserer Bearbeitung der Welt der Elemente durch Arbeit und Erkenntnis; die »Dinge an sich« hingegen, oder wie ich sie bezeichne, die *unmittelba-*

66 Insbesondere Ėmpiriomonizm, Knigi 1, 2, 3. Und »Die Philosophie des modernen Naturforschers« im Sammelband »Skizzen einer Philosophie des Kollektivismus« sowie »Das Abenteuer einer philosophischen Schule«. [Anm. A.B.]

ren Komplexe, sind anders, sie sind unvergleichlich reicher an Inhalt, als ihre »Widerspiegelung« – die physischen Komplexe der Erfahrung – aber unvergleichlich geringer organisiert, in ihnen ist die Verbindung der Elemente auch eine viel einfachere und weniger stabile sowie bestimmte.

Der Empiriomonismus betrachtet die Welt als sich unendlich entwickelnde Welt der Elemente, die sich in immer komplizierteren Komplexen organisieren, von der Gruppierung der instabilen, sich in der menschlichen Erfahrung als »anorganische Natur« spiegelnden, bis hin zu assoziativen Verbindungen, die wir als »mit Psyche ausgestattete Lebewesen« wahrnehmen, bis hin zur menschlichen Organisation der Erfahrung, der individuellen und gesellschaftlichen und in Zukunft vielleicht mit noch vollkommeneren Formen und Typen.

Die Arbeitstätigkeit der Menschen im Allgemeinen und die Erkenntnis im Besonderen versteht der Empiriomonismus entsprechend seinem Weltbild als einen auf die Organisation der niederen und elementaren Komplexe der Umwelt in dem gesellschaftlichen Sein zugehörigen oder dieses stützende Formen gerichteten Kampf. Die Ideologie erweist sich hierbei als organisierende Form des gesellschaftlichen Seins, und jede »Wahrheit« als organisierende Form der Erfahrung.

Diese Seite des Empiriomonismus – die Lehre von der organisierenden Rolle der Ideologie im Leben der Gesellschaft und über den historisch-gesellschaftlichen Charakter und die Bedeutung der »Wahrheiten« (die »Irrtümer« eingeschlossen), habe ich skizziert, bevor ich auf seine anderen Seiten eingegangen bin,[67] vielleicht erklärt das, warum Wl. Iljin seine Attacke vor allem darauf richtet.

XV.

Wl. Iljin beweist die »Unsinnigkeit« der Überlegung, dass die Wahrheit die organisierende Form der menschlichen Erfahrung ist, wie folgt:

> »Die Naturwissenschaft lässt keinen Zweifel darüber zu, dass ihre Feststellung, die Erde habe vor der Menschheit existiert, eine Wahrheit ist. Mit der materialistischen Erkenntnistheorie verträgt sich das durchaus: Die Existenz eines von den Widerspiegelnden unabhängigen Widergespiegelten (die Unabhängigkeit der Außen-

67 Im Buch »Iz psichologii obščestva« [Aus der Psychologie der Gesellschaft], 2. Auflage, St. Petersburg 1906. [Anm. A.B.]

welt vom Bewusstsein) ist die Grundthese des Materialismus. Die Feststellung der Naturwissenschaft, dass die Erde vor der Menschheit existiert hat, ist eine objektive Wahrheit. Mit der Philosophie der Machisten und ihrer Lehre von der Wahrheit ist diese These der Naturwissenschaft unvereinbar: Wenn die Wahrheit die organisierende Form der menschlichen Erfahrung ist, so kann die Behauptung von der Existenz der Erde *außerhalb* jeder menschlichen Erfahrung nicht wahr sein.«[68]

Die Anerkennung des »Widergespiegelten« ist, wie dem Leser bekannt, ebenfalls eine der grundlegenden Auffassungen des Empiriomonismus (die allgemeine Theorie der Substitution), und auf dieser Grundlage hätte Wl. Iljin mich sofort zum Materialisten erklären müssen, doch er bezeichnet mich nicht nur fortlaufend als einen »Machisten«, sondern schreibt auch noch den Machisten meine Auffassungen von Ideologie und Erkenntnis zu. Doch lassen wir diese Entstellungen, alle lassen sich eh nicht aufzählen, beiseite und wenden uns der Frage zu, warum »die Behauptung von der Existenz der Erde *außerhalb* jeder menschlichen Erfahrung« nicht die organisierende Form dieser Erfahrung sein kann?

Alles auf der Welt wiederholt sich auf verblüffende Art und Weise: Vor einigen Jahren »verteidigte« Herr Berdjajew die Naturwissenschaft gegen mich, jetzt tut es Wl. Iljin, beide traten unter dem Banner des »Absoluten« an. Und alle beide legten dabei eine völlige Unkenntnis der Naturwissenschaft, die sie vor mir verteidigen wollten, an den Tag. Herr Berdjajew schrieb damals der modernen Naturwissenschaft die Theorien des 16. bis 18. Jahrhunderts zu, und W. Iljin erklärt die moderne Geologie für eine absolute und ewige Größe, und erklärt gleichzeitig, dass ihre Theorie von der Erdgeschichte nicht die organisierende Form unserer Erfahrung sein kann.

Doch was stellt diese Lehre eigentlich dar?

Die Menschen gruben in der Erdrinde auf der Suche nach nützlichen Metallen und Mineralien, studierten in der Arbeitserfahrung die Lage und Wechselbeziehung der verschiedenen Erdschichten, fanden in Schluchten und Bergspalten komplizierte Karten der Wechselbeziehung dieser Schichten, die für die Ausbeutung der verborgenen Schätze der Erde wichtig und von Interesse waren. Gleichzeitig beob-

68 [Wl. Iljin]: Materialismus und Empiriokritizismus, in: LW, Bd. 14, S. 117–118.

achteten die Menschen – manchmal spürten sie sie am eigenen Leib – verschiedene elementare Prozesse, die die Beschaffenheit der Erdrinde veränderten. Dieses gesamte Erfahrungsmaterial organisierte sich zu jener vereinigenden Idee, dass der gegenwärtige Zustand der Erdrinde das Ergebnis einer lang andauernden Entwicklung ist.

Außerdem fand man in verschiedenen Erdschichten Reste unterschiedlicher pflanzlicher und tierischer Organismen. In späteren Schichten fand man Überreste menschlicher Wesen und menschlicher Arbeit, in tieferen Erdschichten gibt es derlei Spuren nicht, hier gibt es lediglich Skelette von Lebewesen niederen Typs. Dringt man weiter in die Tiefe vor, gibt es ab einem bestimmten Punkt keinerlei Hinweise mehr auf organisches Leben. Dieses paläontologische Material lässt sich im Zusammenhang mit dem modernen biologischen harmonisch vereinen, und lediglich zu einer solchen Idee *organisieren*, »dass die Erde vor der Menschheit und sogar vor jedem Leben überhaupt«, existiert hat.

Liegt es somit nicht auf der Hand, dass es sich bei der gegebenen Idee *genau* um die organisierende Form der Erfahrung handelt?

Doch Wl. Iljin will überhaupt nicht begreifen, was die Formel »die Erfahrung organisieren« eigentlich bedeutet. Mit Blick auf den von mir erläuterten Gedanken, dass die *Gesetze* nicht als fertige in der Erfahrung gegeben sind, sondern durch die Erkenntnis *herausgearbeitet* werden, als Mittel seiner Organisation, um sie »zu organisieren, zu harmonisieren, in Übereinstimmung zu bringen«:

> »Also ist uns das Gesetz, wonach dem Herbst der Winter und dem Winter der Frühling folgt, nicht in der Erfahrung gegeben, sondern durch das Denken geschaffen, als ein Mittel, zu organisieren, zu harmonisieren, in Übereinstimmung zu bringen ... was womit, Genosse Bogdanow?«[69]

Ich erlaube mir, unserem verehrten Autor zu versichern, dass uns solche komplizierten, verallgemeinernden Begriffe wie »Herbst«, »Winter«, »Frühling« in der Erfahrung in der Tat nicht gegeben, sondern dass sie historisch erarbeitet worden sind. In der Erfahrung waren uns zum Beispiel in großer Anzahl Elemente der »Kälte« gegeben, in Verknüpfung mit Elementen, die die Komplexe »Schnee«, »Eis« usw. bil-

69 Ebd., S. 164–165.

den, sowie einer Zunahme solcher Elemente wie »Dunkelheit« (lange Nächte) usw., und dieses gesamte sinnliche Material wurde im Begriff »Winter« organisiert. Anderes, ebenfalls gewaltiges und kompliziertes sinnliches Material (die Zunahme der Summe der Elemente des »Warmen«, »Feuchten«, »Hellen« usw.), wurde im Begriff »Frühling« organisiert. Schließlich diente die Wiederholung dieser oder jener Summe von Eindrücken, mit geringen Abweichungen, als Material für die organisierende »Idee« oder das »Gesetz«: Auf den Winter folgt der Frühling. Weder in den beiden Begriffen noch in dem sie vereinenden Gesetz gibt es etwas Absolutes, und kann es auch nicht geben. Die Erfahrung von Schnee im Mai steht im Widerspruch zum Begriff »Frühling«, doch dieser Widerspruch ist nicht stark genug, um den Begriff als solchen zu zerstören und eine neue organisierende Form herauszuarbeiten. Wenn wir uns in Ländern nahe dem Äquator ansiedeln, dann vermittelt unsere Erfahrung so viele Widersprüche, dass die ursprünglichen organisierenden Formen – die Begriffe »Winter« und »Frühling« – diese nicht aushalten und neue herausgearbeitet werden müssen, zum Beispiel »auf die Trockenzeit folgt die Regenzeit« usw.

Es wäre interessant zu erfahren, ob Wl. Iljin jetzt begreift, »was womit« in den menschlichen Begriffen und Ideen »organisiert« wird.

> »Aber noch mehr. Wenn die Wahrheit nur die organisierende Form der menschlichen Erfahrung ist, dann ist also auch die Lehre, sagen wir, des Katholizismus eine Wahrheit. Denn es unterliegt nicht dem geringsten Zweifel, dass der Katholizismus eine ›organisierende Form der menschlichen Erfahrung‹ ist.«[70]

Der Katholizismus *wäre* eine Wahrheit, wenn er harmonisch und logisch und in der Lage wäre, die moderne Erfahrung der Menschheit ohne Widersprüche zu organisieren. Doch jedem ist klar, dass der Katholizismus zu dieser Organisation nicht in der Lage ist, weil er viele Ideen einschließt, die in krassem Widerspruch zur gegenwärtigen Erfahrung stehen, wie zum Beispiel die Idee des »Wunders« oder die Idee »der absoluten und ewigen Wahrheit« usw. Und dennoch *war* der Katholizismus eine Wahrheit für jene Zeit, deren Erfahrung er erfolgreich und vollständig organisierte; diese Tatsache kann kein W. Iljin mit seiner tugendhaften Entrüstung aus der Welt schaffen.

70 Ebd., S. 118.

Der Katholizismus war eine Wahrheit für jene Epoche, als er harmonisch und logisch die umfangreichste Summe der menschlichen Erfahrungen vereinte – in der Epoche des *Feudalismus*. Damals mussten – wegen mangelnder Kenntnis der Natur – viele einzelne erfahrene Tatsachen wie zum Beispiel Erdbeben, Epidemien, Heilung von Hysterie durch Suggestion, Massenpsychosen, seltene astronomische Erscheinungen, Trugbilder usw., als Verletzung der sich herausgebildeten natürlichen Ordnung durch die Einmischung irgendeiner mächtigen Kraft wahrgenommen werden. Und die diese Tatsachen organisierende Idee des »Wunders« war nicht nur wahr, sondern auch eine *offensichtliche* Wahrheit. Damals, unter Bedingungen der Herrschaft autoritärer Verhältnisse im gesamten gesellschaftlichen Leben der Menschen, war deren gedankliche Vollendung in Gestalt der Idee des autoritären Aufbaus der Welt, deren Leitung durch hierarchische Gottheiten und eines über alle herrschenden obersten Gebieters, wie es im Katholizismus des Mittelalters der Fall war, eine völlig logische und harmonische Ergänzung. Damals, unter Bedingungen des allgemeinen Konservatismus der Formen des Lebens und der Erkenntnis, war sogar die Idee der »absoluten und ewigen Wahrheit« historisch-wahr, denn sie hatte es nicht mit den Widersprüchen unserer Epoche der ungestümen Entwicklung der Revolution der Formen zu tun.

Doch für Wl. Iljin ist das alles ein »absoluter Irrtum«, nicht mehr und nicht weniger ... In einem Punkt, muss ich zugeben, habe ich unrecht, eine der grundlegenden Ideen des Katholizismus, die der »absoluten und ewigen Wahrheit«, hat er beibehalten und verteidigt sie mit wahrhaft religiösem Eifer. Dabei kann man unter Hinweis auf seine eigenen Ausführungen völlig problemlos nachweisen, dass der Katholizismus überhaupt eine Wahrheit war, und dabei nicht nur eine seiner Zeit.

Dabei habe ich seine ungewöhnliche Auslegung der marxschen Äußerungen über die Praxis als Kriterium der Wahrheit im Blick, auf die W. Iljin in seiner Polemik mit Mach zurückgreift. Mach bemerkt unter Hinweis auf Newtons Auffassung vom »absoluten Raum« und »absoluter Zeit«, dass diese für uns bereits völlig falschen Auffassungen lange Zeit *keinerlei Folgen für die Praxis* hatten und deshalb nicht kritisiert worden sind.[71] W. Iljin nagelt Mach fest:

71 Vgl. Ernst Mach: Die Mechanik in ihrer Entwicklung. Historisch-kritisch dargestellt, hrsg. von Renate Wahsner/Horst-Heino von Borzeszkowski, Berlin 1988, S. 272.

> »*In der Praxis* sei diese Auffassung allerdings *unschädlich* geblieben und deshalb lange einer ernsten Kritik entgangen. Diese naive Äußerung über die Unschädlichkeit der materialistischen Auffassung verrät den ganzen Mach! [...] Denn wie hätte etwas Unrichtiges im Laufe von Jahrhunderten unschädlich bleiben können? Wo ist das Kriterium der Praxis geblieben, mit dem Mach zu liebäugeln versucht hat?«[72]

Im Hinblick auf den Katholizismus kann jeder marxistische Historiker W. Iljin erklären, dass dieses System von Ideen »im Laufe von Jahrhunderten« nicht nur »unschädlich«, sondern als gesellschaftlich-organisierende Kraft auch nützlich und notwendig war. Aber die Anerkennung dieser »Unschädlichkeit« »im Laufe von Jahrhunderten« ist doch dem *Wesen* nach die Anerkennung der Richtigkeit des Katholizismus, oder nicht? Warum lehnt W. Iljin den Großteil der Dogmen des Katholizismus ab?

Wenn Marx sagt, dass die Praxis das Kriterium der Wahrheit ist, bringt er damit vor allem den Gesichtspunkt der *Relativität* der Wahrheit zum Ausdruck. Mit der Änderung des Inhalts der Praxis der Menschen ändert sich auch die Wahrheit. Das, was in den Grenzen einer engeren Praxis eine Wahrheit ist, hört in einer umfassenderen Praxis auf, eine solche zu sein. Aber für W. Iljin ist das »Kriterium der Praxis« etwas mit einer Prüfung Vergleichbares, nach der der Wahrheit ein endgültiges Zeugnis ausgestellt wird: hat einige Jahrhunderte gehalten, war unschädlich – Sehr Gut, die Wahrheit wird als »objektiv«, ewig, usw., usf. anerkannt; Nicht bestanden – ein Irrtum, ebenfalls objektiv, ewig usw.

Offensichtlich ist, dass die vorkopernikanische Kosmologie die Prüfung am besten bestanden hat. Sie war Jahrtausende lang »unschädlich«, d. h. »richtig«. Der Leser konnte schon früher die besondere Feindschaft der Philosophie Wl. Iljins gegenüber der Theorie von Kopernikus erkennen, jetzt haben wir es mit einer weiteren, etwas verkappten Widerlegung zu tun.

Und der Katholizismus ist für unseren Autor selbstverständlich ein Irrtum, sogar ein absoluter Irrtum. Ein leichter Konflikt mit der Logik zählt hier nicht. W. Iljin geht nicht vom historischen Standpunkt aus, er verurteilt alle überlebten Wahrheiten der Vergangenheit vom

72 [Wl. Iljin]: Materialismus und Empiriokritizismus, in: LW, Bd. 14, S. 175–176.

Standpunkt seiner augenblicklichen, absoluten und ewigen Wahrheit aus, einem Missionar gleich, der die Sitten der Wilden vom »absoluten und ewigen« Standpunkt seiner Moral aus verurteilt: Sie »glaubten an Wunder? – eine absolute Verirrung«. Sie »laufen nackt herum? – eine absolute Schamlosigkeit!«

Seelig ist, der dieses arglosen Glaubens ist.

XVI.

Eine Schlussfolgerung aus meiner Untersuchung des Charakters der »physischen Erfahrung« war die, dass die »Objektivität«, die wir damit anerkennen, nichts anderes ist als dessen *Allgemeingültigkeit* für die Menschen; letztere ist, ihrerseits, Ergebnis und Ausdruck seiner sozialen Organisiertheit, seiner kollektiven Übereinkunft. Eine derartige Organisiertheit oder Übereinkunft wird im Prozess der gemeinsamen Arbeit und Kommunikation erreicht, im Zuge dessen ihre allgemeinen und gleichartigen Empfindungen harmonisch vereint werden. Dabei wird jene »objektive Gesetzmäßigkeit« der physischen Erfahrung herausgearbeitet, die deren Komplexe im stetigen und gleichartigen Raum, in stetiger und gleichartiger Zeit, in einer Kette der Kausalität, bereitstellt. Dank der Existenz der bereits herausgearbeiteten objektiven Gesetzmäßigkeit erhält der Mensch die Möglichkeit, dem »Physischen« das zuzurechnen, das völlig in diese Formen passt, ohne in jedem Einzelfall eine unmittelbare spezielle Überprüfung seiner Empfindungen vornehmen zu müssen, um zu überprüfen, ob sie wirklich »allgemeingültig« sind, d. h. mit den Empfindungen anderer Menschen übereinstimmen.

Zum Beispiel ein Astronom, der zum ersten Mal einen neuen Kometen beobachtet, kann, wenn es ihm gelingt, seine Position im physischen Raum (und nicht nur in seinem individuellen Gesichtsfeld), seine Bewegung in der Zeit, deren Abhängigkeit von der Anziehungskraft der Sonne usw., zu bestimmen, diese Bestimmung mit absoluter Gewissheit für einen »allgemeingültigen« physischen Körper halten, ohne sich speziell darüber zu informieren, ob auch andere den Kometen sehen. Andererseits, wenn es dem Menschen gelingt, genau festzustellen, ob diese oder jene Komplexe, die von anderen Menschen als »physische« oder, was ein und dasselbe ist, »wirklich existierende«, nicht mit der objektiven Gesetzmäßigkeit harmonierende, aufgefasst werden, dann verneint er völlig zu Recht die »Realität« derartiger Komplexe, ihr »physisches« Sein.

Zum Beispiel für solche »Organismen« wie Waldteufel oder Hausgeister findet er keinen Platz in der genetischen Kette der Entwicklung, er erkennt, dass ihre »Eigenschaften« im Widerspruch zu den Gesetzen der Physik stehen, die konzentrierter Ausdruck der in tausendjähriger exakter Arbeit der Menschheit gesammelten Erfahrungen sind, und dass er völlig zu Recht die »Objektivität« oder Allgemeingültigkeit derartiger Komplexe abstreitet. Und sogar, wenn die Mehrheit seiner Umgebung, wenn die überwiegende Mehrheit der Zeitgenossen anderer Meinung wäre und behauptete, vergleichbare Wesen »gesehen zu haben«, – wäre die »Objektivität«, d. h. die *organisierte* Erfahrung der Menschheit auf seiner Seite, was ihm entgegenstehen würde, wäre die nichtorganisierte, widersprüchliche Erfahrung.

Schließlich handelt es sich bei der sozialen Organisation der Erfahrung keinesfalls um eine Zählung von Stimmen, sondern um die *sich entwickelnde kollektive Praxis*. So wird der gesellschaftliche Wert jedes beliebigen Werkzeuges nicht dadurch bestimmt, ob sich die Mehrheit oder die Minderheit der Produzenten dieses Werkzeuges bedient, sondern dadurch, ob es den Anforderungen des Fortschritts der kollektiven Arbeit entspricht oder nicht.

Wl. Iljin sagt bezüglich aller dieser Schlussfolgerungen und Überlegungen das Folgende:

Bogdanows Definition der Objektivität und der physischen Welt ist zweifellos haltlos, denn die Allgemeingültigkeit der Religionslehre übersteigt die der Wissenschaft, da die Mehrheit der Menschheit noch an der erstgenannten festhält.

> »Der Katholizismus ist durch seine jahrhundertelange Entwicklung ›sozial organisiert, harmonisiert und in Übereinstimmung gebracht‹; er *›fügt sich ein‹* in die ›Kette der Kausalität‹, und zwar auf unzweifelhafteste Weise, denn die Religionen sind nicht grundlos entstanden, sie überdauern unter den gegenwärtigen Verhältnissen durchaus nicht zufällig in der Masse des Volkes, und die Philosophieprofessoren passen sich ihnen völlig ›gesetzmäßig‹ an.«[73]

Es ist klar, dass Wl. Iljin nicht in der Lage ist, sich die »Allgemeingültigkeit« oder »soziale Organisiertheit« anders vorzustellen als in

73 Ebd., S. 119.

Form einer Antwort auf Fragen nach Wahrheit und Wirklichkeit durch Abstimmung nach Stimmenmehrheit, obwohl er selbst, auf der vorhergehenden Seite ein Zitat anführt, in dem von der Unsinnigkeit eines derartigen Verfahrens die Rede ist. Er kann es wirklich nicht, da ist nichts zu machen. Deshalb weise ich hier nur auf das seiner Methodik nach verblüffende logische Verfahren hin, mit dem er, von meinem Standpunkt ausgehend, den Übergang zur Wahrhaftigkeit der katholischen Lehre vollbringt. Der Katholizismus *als historische Tatsache* »fügt sich in die Kette der Kausalität ein«, da er »nicht ohne Ursache entstanden« ist usw. Was folgt daraus? Offensichtlich nur eines: Beim Katholizismus handelt es sich um eine *objektive historische Tatsache.* Aber das bestreitet Wl. Iljin doch gar nicht. Dabei geht es um eine andere Frage: Ist die Auffassung der Tatsachen, die in der katholischen Lehre verankert sind, »objektiv«? Die Antwort darauf ist völlig klar: In die moderne »Kette der Kausalität« fügen sich die Tatsachen, so wie sie die katholische Lehre präsentiert, nicht ein. Die Vorstellungen von »Wundern« und der »Willensfreiheit« *widersprechen ihr von Grund auf,* und deshalb ist diese Lehre für uns, Menschen des 20. Jahrhunderts, nicht nur nicht »allgemeingültig«, sondern ganz einfach falsch. Was hat der verehrte Autor eigentlich nachgewiesen, der die Objektivität des Katholizismus als historische Erscheinung vor den Augen des Lesers durch die objektive Wahrheit seiner Lehre ersetzt hat?

Wenn, entgegen der Lehre des Katholizismus und der Lehre Wl. Iljins, keine »absoluten und ewigen Wahrheiten« existieren, dann existieren auch keine »absoluten und ewigen« Irrtümer. Betrachten Sie vom historischen Gesichtspunkt aus zum Beispiel die Vorstellungen des »Wunders«. Sie entsprach nicht nur dem Begriff »Kausalität«, der in der autoritären Epoche vorherrschend war, sondern war auch im Hinblick auf die Erkenntnis und die sich damals gerade herausbildende wissenschaftliche Naturauffassung von Nutzen. In der Tat handelte es sich dabei um die teilweise Ersetzung des Animismus, der die Aktionen sämtlicher Dinge dem Willen der in diesen verborgenen »Seelen« zuschrieb. Doch dank der Entwicklung der Technik, der Fähigkeit, mit den alltäglichen, uns umgebenden Dingen klarzukommen, werden die meisten dieser Dinge als »unbeseelte« angesehen und die Ursachen für deren Aktionen außerhalb dieser Dinge gesucht. Das war ein gewaltiger Erkenntnisfortschritt: Die Welt hörte auf, als ein Chaos kleinlicher persönlicher Willkür zahlloser selbstständiger »Geister« zu erscheinen, und es begann sich eine wissenschaftliche Auffassung von den »Dingen« herauszubilden. Aber dennoch war die Erkenntnis äußerst schwach, und von Zeit zu Zeit versetzten sogar alltägliche Dinge die Menschen durch unerwartete und unverständliche Aktivitäten in Erstaunen: Ein ruhiger, unbeweglicher Berg begann plötzlich Feuer, Asche, Gestein und Lava zu speien, der tote Boden bebte und war voller Unruhe, in Zeiten von Epidemien zog die Berührung gewöhnlicher Dinge den Tod der Menschen nach sich. Unvollkommene und noch nicht gefestigte Vorstellungen von den physischen Verbindungen der Dinge würden durch vergleichbare Tatsachen zugunsten eines primitiven Animismus leicht erschüttert werden, der die ungewöhnlichen Aktivitäten auf die Willkür des selbstständigen »Geistes« des Berges, der Erde und anderer Dinge zurückführte, wenn die Idee des »Wunders« nicht sämtliche vergleichbare Tatsachen beiseiteschieben und auf die persönliche Einmischung anderer, *äußerer* Fetische zurückführen würde. Auf diese Weise wurde eine Rückkehr zur Beseeltheit der Dinge vermieden und die Elemente der »physischen« Weltanschauung konnten sich weiterhin ungehindert entwickeln.

Der Irrtum und der Begriff des höchsten Fetisches, der das Weltgeschehen regiert, sind nicht absolut. In diesem Begriff spiegelt sich auf primitive und bildhafte Weise die Idee der Einheit des Weltprozesses, die sich in ihrer Entwicklung und Formveränderung aus einem konkret-religiösen Postulat in ein abstrakt-metaphysisches und aus diesem in ein wissenschaftliches Prinzip wandelt, das sich stets als Seele des menschlichen Denkens, als seine höchste organisierende Form, erweist.

Doch W. Iljin ist selbstverständlich anderer Meinung:

> »Wesen außerhalb von Zeit und Raum sind krankhafte Fantasiegebilde, Schrullen des philosophischen Idealismus, das untaugliche Produkt einer untauglichen Gesellschaftsordnung.«[74]

So geht es also um den Ursprung der entwickelten religiösen Konzeptionen: Es handelt sich um »krankhafte Fantasiegebilde, Schrullen« usw. Sie sind Produkte des »Pfaffentums«, »einer untauglichen Gesellschaftsordnung«. Wie viel Mut, meinen Sie, lieber Leser, muss ein

74 Ebd., S. 182.

Mensch, der diesen Standpunkt vertritt, aufbringen, um sich einen »Marxisten« zu nennen, mehr noch – einen wahren Marxisten, im Unterschied zu allen Pseudomarxisten?

Stellen Sie sich Marx vor, der den Ursprung der Religion in »krankhaften Fantasiegebilden«, Produkten des »Pfaffentums« sieht, der das, was seinerzeit in der Gesellschaftsordnung, die diese hervorbrachte, historisch notwendig war, für untauglich erklärt. Was für ein Unsinn.

Lassen wir Marx zu Wort kommen.

In seinem »Kapital«, im ersten Kapitel des ersten Bandes, sagt Marx bezüglich der von *ihm entlarvten Fetisch*-»Kategorien der bürgerlichen Ökonomie«:

> »Es sind gesellschaftlich gültige, also objektive Gedankenformen für die Produktionsverhältnisse dieser historisch bestimmten gesellschaftlichen Produktionsweise, der Warenproduktion. Aller Mystizismus der Warenwelt, all der Zauber und Spuk, weicher Arbeitsprodukte auf Grundlage der Warenproduktion umnebelt, verschwindet daher sofort, sobald wir zu andren Produktionsformen flüchten.«[75]

Kurzum, gesellschaftlich gültige[76] sind laut Marx *objektive* Gedankenformen. Für die Verhältnisse der Warenproduktion sind Fetischformen objektiv, sie hören auf, solche zu sein, wenn wir den Bereich der Warenproduktion verlassen, d. h. zu anderen Inhalten der ökonomischen Erfahrung wechseln. Marx war, wie Sie sehen, in dieser Frage ein konsequenter »Empiriomonist«.

Um Marx' Philosophie *verteidigen* zu können, wäre es gut ... diese zu kennen.

XVII.

Bereits aus dem in den vorhergehenden Kapiteln Dargestellten konnte der Leser entnehmen, dass die empiriomonistische Theorie als Gesamtheit der »Dinge an sich« – bezeichnet als »unmittelbare Komplexe der niederen Stufen der Organisiertheit« – im Allgemeinen der materialistischen *Natur*auffassung entspricht. Und der Begriff der

75 Karl Marx: Das Kapital. Erster Band, in: MEW, Bd. 23, S. 90.

76 Auf Deutsch: »gesellschaftlich gültige, also objektive Gedankenformen«. Basarow und Stepanow haben das wie folgt übersetzt: »gesellschaftlich nützliche und gesellschaftlich-anerkannte Formen des Gedankens«. Zur »Gültigkeit« siehe auch die von Basarow und Stepanow vorgelegte Übersetzung des »Kapitals«, 5. deutsche Auflage, S. 42. [Anm. A.B.]

»physischen Erfahrung« drückt etwas völlig anderes aus – nicht die »Natur an sich«, sondern ihre Widerspiegelung in der kollektiv-organisierten Erfahrung oder, anders gesagt, die Dinge, so wie sie »für uns erscheinen«, d. h. in unserer Arbeits- und Erkenntnistätigkeit.

Die Schule Plechanows, W. Iljin eingeschlossen, verfügt über keinen speziellen Begriff, der dem Begriff »physische Erfahrung« entspricht. Wie wir gesehen haben, hält sie im Wesentlichen jede Erfahrung für eine *psychische*, und aus diesem Grunde verwechselt sie ständig die »Dinge für uns« oder physischen Erfahrungskomplexe mit »Wahrnehmungen« und »Empfindungen«.[77] Jedes Mal, wenn ich mit meinen Landsleuten-»Materialisten« diskutieren muss, erkläre ich, dass die »physische Erfahrung« nicht das ist, was sie als »Natur« oder »Materie« bezeichnen, d. h. nicht jene Welt, die *ohne* und *unabhängig* vom Menschen genommen wird, sondern um die Welt der »Dinge der Erfahrung«, d. h. um Erscheinungen physischer Natur.

Jetzt kann der Leser problemlos nachvollziehen, worin die Polemik W. Iljins gegen *meine* Lehre von der physischen Erfahrung besteht: Der verehrte Autor bedient sich seiner Methode der »Ersetzung« der Begriffe; systematisch ersetzt er meinen Begriff der »physischen Erfahrung« durch *seinen* »Natur«-Begriff und umgekehrt. Alles andere ist dann einfach.

Mir fehlt es an Platz und Lust, die gesamte Linie der »Ersetzungen« des verehrten Autors nachzuverfolgen. Ich beschränke mich auf zwei Beispiele.

Im Vorwort zum dritten Teil des »Empiriomonismus« habe ich darauf hingewiesen, dass der Empiriomonismus voll und ganz materialistisch ist, wenn man Theorien als materialistisch definiert, die das Primat der Natur gegenüber dem Geist anerkennen, auch wenn ich es nicht für nötig erachte, dieses Wort auf ihn anzuwenden.

Und zwar, habe ich geschrieben,

> »betrachtet er alles Existierende als eine kontinuierliche Kette der Entwicklung, deren untere Glieder sich im Chaos der Elemente

77 Plechanow stellt ab und zu physische Erscheinungen den psychischen gegenüber und unterscheidet diese gleichzeitig von »Materie«, die dem einen wie dem anderen zugrunde liegt. (Zum Beispiel in: Za dvadcat' let, S. 136–237). Doch nirgendwo erklärt er das Wechselverhältnis der Gesetzmäßigkeiten beider Erscheinungsreihen, an anderen Stellen und viel häufiger führt er sämtliche Erscheinungen, die gesamte Erfahrung auf »Empfindungen« und »Vorstellungen« oder auf die »Gestalt der Dinge« zurück. (Anmerkungen zur Broschüre von Engels über Feuerbach, 1905, S. 97). Dasselbe tun systematisch auch seine Schüler: Orthodox, Deborin, Rachmetow. [Anm. A.B.]

> verlieren und deren obere, uns bekannte Glieder die *Erfahrung der Menschen*‹ (hervorgehoben von Bogdanow), ›die psychische und – noch höher – die physische Erfahrung darstellen, wobei diese Erfahrung und die aus ihr entstehende Erkenntnis dem entspricht, was man gewöhnlich als Geist bezeichnet‹.«[78]

Zum Wort »physische Erfahrung« gibt es unten auf der Seite die Anmerkung:

> »Die physische *Erfahrung* ist das Ergebnis einer langen sozialen Bearbeitung sich ihrem Inhalt und ihrer Form nach ändernder menschlicher Empfindungen in Abhängigkeit von der Entwicklung der Wissenschaft, die nicht mit der ›Natur‹ verwechselt werden darf, von der Beltow spricht. Dieser ›Natur‹ entsprechen im empiriomonistischen Weltbild die niederen unmittelbaren Komplexe.« Usw.

Und was tut unser Kritiker?

Mit keinem einzigen Wort erwähnt er diese Anmerkung, er identifiziert sofort die physische Erfahrung mit der Natur, wie *er* sie versteht, um sich dann in einem Hagel von Ausrufen zu entladen:

> »Die physische Welt wird als *Erfahrung* der Menschen bezeichnet, und es wird erklärt, dass die physische Erfahrung in der Kette der Entwicklung ›höher‹ stehe als die psychische. Aber das ist doch haarsträubender Unsinn! Und zwar ist es derselbe Unsinn, der aller und jeder idealistischen Philosophie eigen ist.«[79]

Was soll man da noch sagen! Die Methode der Polemik ist zuverlässig, da jeder Begriff durch einen anderen, willkürlich ausgewählten, ersetzt wird. Auf diese Weise kann man alles Mögliche beweisen oder widerlegen. Und W. Iljin macht in diesem Geiste weiter.

Er zitiert aus dem I. Teil des »Empiriomonismus« die folgende Stelle:

> »„… Wir haben anerkannt, dass die physische Natur selbst ein von Komplexen unmittelbaren Charakters (zu denen auch die psychischen Koordinationen gehören) *Abgeleitetes* (hervorgehoben von Bogdanow) ist, dass sie eine Abspiegelung solcher Komplexe

78 [Wl. Iljin]: Materialismus und Empiriokritizismus, in: LW, Bd. 14, S. 224.

79 Ebd.

> in anderen, ihnen analogen, jedoch dem kompliziertesten Typus angehörigen Komplexen (in der sozial-organisierten Erfahrung der Lebewesen) ist.«[80]

In diesem Satz hatte ich die Worte »physische Natur« in Anführungszeichen gesetzt, um zu zeigen, dass sie von mir in einer besonderen, nicht von mir bestimmten Bedeutung gebraucht werden, sondern in der zuvor benannten, durch den Dualismus geprägten Bedeutung.

Über den Dualismus schrieb ich:

> »Er geht davon aus, dass sich sämtliche Körper in einem stetigen allgemeinen Feld befinden – in der ›physischen Natur‹ und es ist völlig klar, dass sie aufeinander ›einwirken‹ können«, usw.

Es versteht sich von selbst, dass der Dualismus von »physischer Natur« im Sinne von *physischer Erfahrung* spricht, worauf ich ja gerade hingewiesen habe, in dem ich diesen Begriff im Folgenden in Anführungszeichen setzte. W. Iljin jedoch hat bei der Ersetzung der Begriffe auch noch die Anführungszeichen im Zitat entfernt, da sie den Leser gerade darauf aufmerksam gemacht hätten, *in welchem Sinne* der Begriff gebraucht worden ist. Jetzt bleibt nur noch, sich den »freundlichen Worten« zuzuwenden: »Eine Philosophie, die lehrt, dass die physische Natur selbst ein Abgeleitetes ist, ist die reinste Pfaffenphilosophie.«[81]

Es ist offensichtlich, dass Wl. Iljin viel besser als ich weiß, welcher Art Pfaffenphilosophie ist. Ich hingegen erinnere mich, dass ich vor 15 bis 20 Jahren an der Universität eine Prüfung in orthodoxer Apologetik ablegen musste. Ihre polemischen Methoden zeichnen sich durch weitestgehende Freiheit aus, doch solche, wie sie W. Iljin systematisch gebraucht, habe ich dort nicht gefunden.

XVIII.

Ich sehe mich nicht im Recht, anstelle meiner im Buch attackierten Genossen gegen Wl. Iljin zu polemisieren, sie können das besser als ich selbst tun. Aber ein oder zwei Beispiele seiner Polemik gestatte ich mir dennoch an dieser Stelle anzuführen, und zwar ausschließlich mit dem Ziel, das psychologische Bild seiner Methoden abzurunden.

80 Ebd., S. 227.

81 Ebd.

In einem Artikel aus dem Sammelband »Skizzen zur Philosophie des Marxismus« zitiert Basarow, das Verhältnis des Materialismus von Plechanow zum Materialismus von Engels untersuchend, aus dem Artikel von Engels »Über den historischen Materialismus« jene Stelle, in der erklärt wird, dass wir nur in der Praxis erkennen können, inwiefern unsre Vorstellungen von diesem oder jenem Ding richtig sind:

> »Erreichen wir aber unsern Zweck, finden wir, dass das Ding unsrer Vorstellung von ihm entspricht, dass es das leistet, wozu wir es anwandten, dann ist dies positiver Beweis dafür, dass innerhalb dieser Grenzen unsre Wahrnehmungen von dem Ding und von seinen Eigenschaften mit der außer uns bestehenden Wirklichkeit stimmen.«[82]

Basarow kommentierte die Formulierung von Engels wie folgt:

> »»... In den Grenzen, innerhalb deren wir mit den Dingen in der Praxis zu tun haben, *fallen die Vorstellungen von einem Ding und seinen Eigenschaften mit der außer uns existierenden Wirklichkeit zusammen.* ›Zusammenfallen‹ – das ist etwas anderes als ›Hieroglyphe‹ sein. Zusammenfallen bedeutet: in den gegebenen Grenzen *ist*‹ (hervorgehoben von Basarow) ›die Sinnesvorstellung eben die außer uns existierende Wirklichkeit ...‹.«[83]

Als Basarow das schrieb, vertrat er voll und ganz den rein »machistischen« Standpunkt. Mir scheint, dass in der von mir zitierten Passage gerade der dem *machistischen* Standpunkt immanente Fehler zum Ausdruck kommt. Tatsächlich spricht Basarow von *Dingen*, oder von der *Wirklichkeit*, und verwendet den *psychologischen* Begriff »Vorstellung«. Der Machismus, der stets sehr genau zwischen physischer *Verbindung* der Dinge und psychischer Verbindung der »Vorstellungen« unterscheidet, lässt so etwas überhaupt nicht zu. Die »Wirklichkeit« oder die physische Erfahrung als sinnliche Vorstellung zu bezeichnen, bedeutet genau genommen in den ständigen Wirrwarr Plechanows und Wl. Iljins zu verfallen, die *jegliche* Erfah-

82 Friedrich Engels: Einleitung zur englischen Ausgabe der »Entwicklung des Sozialismus«, in: MEW, Bd. 22, S. 296.

83 zit. nach [Wl. Iljin]: Materialismus und Empiriokritizismus, in: LW, Bd. 14, S. 107.

rung als »psychisch«, *jegliche* Elemente der Erfahrung als Wahrnehmungen ansehen usw. Doch wenn man diesen einen Satz in Bezug zum Artikel von Basarow setzte, dann handelt es sich weniger um einen Fehler, eher um einen Versprecher, weil er in allen anderen Fällen zwischen der Verbindung von Dingen und der Verbindung von Vorstellungen unterscheidet, genauso wie es bei Mach der Fall ist.[84]

Schauen Sie nun, was Wl. Iljin aus diesem Versprecher macht.

Auf über zwei Seiten führt er einen regelrechten Freudentanz auf, im Stile der Hottentotten, den ich hier selbstverständlich nicht in voller Länge wiedergeben kann. Beim Tanz geht es um Folgendes:

> »So sehr sich W. Basarow wendet, klügelt und diplomatisiert, um den heiklen Punkten auszuweichen, letzten Endes hat er sich doch verplappert und seine ganze machistische Natur verraten!«[85]

Verraten, indem er einen Fehler gegenüber dem Machismus begangen hat? Einige Beispiele für die Ausschmückung dieses Freudentanzes:

> »Das ist ja gerade jener fundamentale Unsinn, die fundamentale Konfusion und das Grundfalsche am Machismus, woraus der ganze übrige Galimathias dieser Philosophie stammt und wofür Mach und Avenarius von den Erzreaktionären und Predigern des Pfaffentums, den Immanenzphilosophen, in den Himmel gehoben werden.«[86]

Atemlos vor Freude verliert Wl. Iljin die Kontrolle über seine Rede und fängt an, solche Sachen von sich zu geben: »Es fragt sich, wie normale Menschen, die im Vollbesitz ihrer geistigen Kräfte sind, behaupten können, dass ...«[87]

Offensichtlich ist Wl. Iljin der Auffassung, dass ausschließlich Menschen, *die nicht im Vollbesitz ihrer geistigen Kräfte sind*, solche Dinge,

84 Basarow schrieb diesen Artikel 1907. Von da an löste er sich im Hinblick auf die Frage nach dem Zusammenhang der Erfahrung von Mach und schloss sich meiner Meinung über die Unterscheidung zwischen individueller und kollektiver Organisation der Erfahrung an. Siehe seinen Artikel im Sammelband »Skizzen der Philosophie des Kollektivismus«. [Anm. A.B.]

85 [Wl. Iljin]: Materialismus und Empiriokritizismus, in: LW, Bd. 14, S. 108.

86 Ebd., S. 107–108.

87 Ebd., S. 108.

von denen bei Basarow die Rede ist, behaupten können. In welcher Geistesverfassung hat unser verehrter Autor eine derartig sensationelle Entdeckung gemacht?

Wl. Iljin schließt wie folgt:

> »Bravo, Genosse Basarow! Wir werden Ihnen zu Lebzeiten ein Denkmal errichten: Auf der einen Seite wird Ihr Ausspruch stehen und auf der andern die Inschrift: Dem russischen Machisten, der dem Machismus unter den russischen Marxisten das Grab geschaufelt hat!«[88]

Das alles ruft mir eine Episode aus der Polemik zwischen den zwei politischen Fraktionen der russischen Marxisten in Erinnerung. Der Bolschewik N. Lenin hatte sich seinerzeit im Buch »Was tun?« verplappert, dass die Arbeiterklasse *unfähig* sei, sich selbstständig, ohne die Hilfe der sozialistischen Intelligenz, über den Trade-Unionismus zu erheben und zum sozialistischen Ideal zu gelangen.[89] Dieser Satz wurde rein zufällig geäußert, im Eifer der Polemik gegen die Ökonomisten, er stand in keinerlei organischer Beziehung zu den grundlegenden Auffassungen des Autors. Das hielt die Menschewiki-Publizisten im Laufe von drei Jahren nicht davon ab, ihre siegesgewisse Polemik gegen diese Äußerung von Lenin zu richten, mit der er angeblich ein für alle Mal den antiproletarischen Charakter des Bolschewismus bewiesen hätte. Ich erinnere mich dunkel, vielleicht irre ich mich aber auch, dass sie für Lenin ein Denkmal errichten wollten, weil er dem Bolschewismus unter den russischen Arbeitern »das Grab geschaufelt hat« ...

Ich weiß nicht, welcher Fraktion der russischen Marxisten Wl. Iljin angehört. Aber aller Wahrscheinlichkeit nach findet er für sein Denkmal für Basarow keinen besseren Platz als jenen, auf dem das Denkmal der Menschewiki für N. Lenin steht ...

Lenins Polemik gegen Lunatscharski ist noch origineller.

88 Ebd., S. 109.

89 »Wir haben gesagt, dass die Arbeiter ein sozialdemokratisches Bewusstsein *gar nicht haben konnten*. Dieses konnte ihnen nur von außen gebracht werden. Die Geschichte aller Länder zeugt davon, dass die Arbeiterklasse ausschließlich aus eigener Kraft nur ein trade-unionistisches Bewusstsein hervorzubringen vermag, d. h. die Überzeugung von der Notwendigkeit, sich in Verbänden zusammenzuschließen, einen Kampf gegen die Unternehmer zu führen, der Regierung diese oder jene für die Arbeiter notwendigen Gesetze abzutrotzen u. a. m. Die Lehre des Sozialismus ist hingegen aus den philosophischen, historischen und ökonomischen Theorien hervorgegangen, die von den gebildeten Vertretern der besitzenden Klassen, der Intelligenz, ausgearbeitet wurden.« (W.I. Lenin: Was tun? Brennende Fragen unserer Bewegung, in: LW, Bd. 5, S. 385–386)

Lunatscharski bediente sich häufig und missbräuchlich der religiösen Terminologie. Indem er die Religion mit enthusiastischem Weltempfinden gleichsetzte, bezeichnete er den wissenschaftlichen Sozialismus häufig als höchste Religion. In der Idee der Gottheit sah er lediglich ein Bild für die grenzenlose Macht über die Natur, er bezeichnete die sozialistische Menschheit der Zukunft in ihrer Entwicklung, in der grenzenlosen Entwicklung und Vertiefung ihrer Macht über die Natur als »göttlich«. Derartige Metaphern darf man auf keinen Fall gutheißen. Sie können einer exakten, wissenschaftlichen Analyse historischer Religionen, die stets vor allem *autoritär* waren, nur hinderlich sein und darüber hinaus dazu beitragen, dass im Denken der Leser Reste einer unbewussten Verehrung gegenüber solchen Begriffen, mit denen ein für alle Mal Schluss sein muss, erhalten bleiben.

Lunatscharski hat sich letztendlich davon überzeugt, dass die Terminologie ungeeignet ist, dass sie den Leser verwirrt und – auf sie verzichtet. Solange er dies nicht getan hatte, war es völlig gerechtfertigt dagegen zu polemisieren, so wie Engels gegen Feuerbachs vergleichbare Begrifflichkeit polemisiert hatte. Engels hatte darauf hingewiesen, dass es falsch und schädlich ist, religiöse und antireligiöse Begriffe mit religiöser Terminologie zu verdecken, da dies ihrer Erklärung entgegensteht und die Zerstörung überlebter Begriffe erschwert. Aber vor allem hat Engels den tatsächlichen Gehalt der Auffassungen Feuerbachs gewissenhaft dargelegt und nicht einmal daran gedacht, dessen Auffassungen mit tatsächlichen historischen Religionen, mit »Fideismus« zu vermengen.

Die Polemik Wl. Iljins gegen Lunatscharski ist das genaue Gegenteil dessen. Sie beruht auf dem Bestreben, dem Leser den wirklichen Sinn der Auffassungen des Gegners zu verschweigen, zu verdecken, dem Leser zu suggerieren, dass Lunatscharski von der Religion in gewöhnlichem, traditionellem Sinne des Wortes spricht. Von Lunatscharski ist jedes Mal in einer oder zwei Zeilen die Rede, ein unkundiger Mensch kann daraus keine – oder nur eine völlig verzerrte – Vorstellung über dessen Ansichten ableiten.

So wird zum Beispiel im Vorwort mitgeteilt, dass Lunatscharski (hinzugefügt wird »am klarsten« – er, aber durchaus nicht er allein) sich »kühn bis zum direkten Fideismus (das tritt bei Lunatscharski am klarsten hervor!)« verstiegen hat.[90]

90 [Wl. Iljin]: Materialismus und Empiriokritizismus, in: ebd., Bd. 14, S. 9–10.

Das ist eine direkte Lüge; von einer Unterordnung des Wissens unter den Glauben oder eine Ersetzung des Wissens durch den Glauben ist bei Lunatscharski nirgendwo die Rede; sein »Glauben« oder »Religion« ist *ästhetischer*, nicht *erkenntnistheoretischer* Natur. Und über Fideismus sollte – wenn überhaupt – ein anderer, nicht aber Wl. Iljin reden, der *Glauben* an absolute und ewige Wahrheiten einfordert, einen Glauben im wirklichen, erkenntnistheoretischen Sinne des Wortes.

An anderer Stelle schreibt Wl. Iljin beiläufig: »Denken und ›hinzudenken‹ kann man sich jede Hölle und alle möglichen Teufel, Lunatscharski brachte es sogar fertig, ... nun, gelinde gesagt, religiöse Begriffe ›hinzuzudenken‹.«[91] Der Leser muss annehmen, dass bei Lunatscharski irgendwo, irgendwie von »Teufeln« die Rede ist, und niemandem kommt es in den Sinn, dass es um die enthusiastische Einstellung hinsichtlich der Entwicklung der Produktivkräfte der zukünftigen, vereinigten Menschheit geht. Wenn überhaupt die Auffassungen von jemandem eine logische Verbindung zu »Teufeln« haben, dann sind es die Auffassungen von Wl. Iljin. Denn er verlangt von uns, dass wir den von Zeitgenossen bestätigten Tod von Napoleon an irgend-einem Tag irgend-eines Jahres als absolute und ewige Wahrheit ansehen, vor langer Zeit wurde die tatsächliche Existenz von Teufeln sehr häufig sogar von Augenzeugen bestätigt.[92]

»›Wie abgeschmackt‹, schrieb L. Feuerbach, ›der Empfindung das Evangelium, die *Verkündung* eines objektiven Heilandes abzusprechen.‹ Das ist, wie man sieht, eine seltsame, monströse Terminologie, aber eine vollkommen klare philosophische Linie: Die Empfindung offenbart dem Menschen die objektive Wahrheit.«[93]

91 Ebd., S. 71.

92 Hier ein Beispiel: Jakob Sprenger und Heinrich Institoris: Des Hexenhammers zweiter Teil: »Und weil wir jetzt an einem moralischen Stoffe arbeiten, weshalb es nicht nötig ist, auf die verschiedenen Argumente und Erklärungen durchaus einzugehen, da das, was in den Kapiteln folgt, durch die vorhergehenden Fragen genügend erörtert ist, deshalb bitten wir den Leser in Gott, dass er nicht in allen Dingen eine Erläuterung verlange, wo eine hinreichende Glaubwürdigkeit genügt, durch einfache Aufführung dessen, was als wahr feststeht, sei es nun durch eigene Erfahrung mit Auge oder Ohr, sei es durch die Berichte Glaubwürdiger.« [Anm. A.B.]
Vgl. Jakob Sprenger/Heinrich Institoris: Der Hexenhammer, Altenmünster 2016, S. 169.

93 [Wl. Iljin]: Materialismus und Empiriokritizismus, in: LW, Bd. 14, S. 125. Das Kursivierte im Original deutsch. In diesem und anderen Fällen erweist sich Wl. Iljin als treuer Schüler von Plechanow. Plechanow schrieb über Feuerbach: »Die Göttlichkeit der Attribute der menschlichen Natur hat bei Feuerbach einen besonderen Sinn. Die französischen Materialisten des vorigen Jahrhunderts, würden natürlich bei der Beurteilung dieser Attribute die feuerbachsche *Terminologie* nicht gutgeheißen haben. Aber diese *terminologische Meinungsverschiedenheit* hätte keinerlei *wesentliche* Bedeutung und würde *durch rein praktische Erwägungen*

Grobheit und Hochmut gegenüber Menschen, von denen man meint, dass sie unter einem stehen und Unterwürfigkeit gegenüber jenen, die man als über einem stehend anerkennt, sind gewöhnliche Wesensmerkmale einer autoritären Psychologie, die sich in der modernen Gesellschaft erhalten haben.

XIX.

Nicht aus eigenem Antrieb, sondern aufgrund der einen dazu zwingenden »philosophischen« Taktik Wl. Iljins, wende ich mich nun einer Frage zu, deren Bezug zum Vorhergehenden dem Leser wahrscheinlich überraschend und seltsam vorkommen wird: der Frage nach professioneller Gelehrtheit und professioneller Belanglosigkeit.

Der verehrte Autor greift diese Frage immer wieder in herausforderndem Ton auf. Dutzende Male wirft er seinen Opponenten, sowohl allen gemeinsam als auch jedem Einzelnen, grobe philosophische Unkenntnis vor, dutzende Male nimmt er die Pose eines Professors ein, der sämtlichen »Machisten« und Empiriomonisten eine Vorlesung über das ABC der Philosophie hält.

Diese Pose ist der Wesenszug der gesamten philosophischen Schule, der Wl. Iljin angehört; um mit diesem Auftreten in unserer Literatur ein für alle Mal abzurechnen, beschränke ich mich nicht auf die Untersuchung der Gelehrtheit von Wl. Iljin selbst, sondern stelle ihm seinen Lehrer und sein Vorbild – Plechanow an die Seite.

Rein äußerlich ist der Apparat der Gelehrtheit im Buch von Wl. Iljin gewaltig. Tausende Namen und Zitate ziehen in wildem Tanz am Leser vorbei, hinterlassen beim ungeübten Menschen ein Gefühl beängstigender Verstörtheit in Anbetracht jener Untiefen des Wissens, in die die Tiefsinnigkeit des Autors vorgedrungen ist.

Der Leser ist gleichsam erdrückt: Ihm scheint, dass ein Leben nicht ausreicht, um die philosophische Weisheit der ihm angebotenen absoluten und ewigen Wahrheiten zu erfassen. Und Kritik – völlig ausgeschlossen, daran zu denken. Nein, die Sache ist völlig klar: Sollen die echten Spezialisten an unserer statt philosophieren und uns die Früchte ihrer Gedankenarbeit reichen, wir hingegen, die armen Menschen des praktischen Lebens, wir müssen nicht Abertausende

hervorgerufen werden.« (Za dvadcat' let, S. 272). [Georgi Plechanow: Die ästhetische Theorie N.G. Tschernyschewskis, in: Georgi Plechanow: Kunst und Literatur, Berlin 1955, S. 447–494, hier: S. 461] Und parallel dazu, im Hinblick auf Lunatscharski – systematisches Ignorieren des Wesens seiner Auffassungen und das Bestreben, dieses Wesen durch billige Spitzen bezüglich seiner Terminologie zu verkleistern. [Anm. A.B.]

philosophische Abhandlungen lesen. Wir werden »ihnen« glauben, »sie« wissen es besser.

Auf dieses psychologische Ergebnis ist die Methode der »Erdrückung durch Zitate« ausgerichtet; und sie erreicht zweifellos ab und zu ihr Ziel.

Nur lässt sich ein ernsthafter und ganzheitlicher philosophischer Gedanke *nicht* in tausende Zitatensplitter zerlegen. In dem er die Erfahrung seiner Zeit zusammenfasst, strebt er danach, dieser eine logische und zusammenhängende Form zu geben. Wenn dazu zahllose Illustrationen und Belege aus der Literatur erforderlich sind, werden sie sorgsam von der Grundlinie der eigenen Darstellung getrennt, (so, wie es Marx im »Kapital« mit den Zitaten in den Anmerkungen getan hat). Wo hingegen *alles* auf Zitate und Ausrufe über diese reduziert wird, wie im Buch von Wl. Iljin und einigen anderen Werken ebendieser Schule, dort gibt es genau genommen keine Philosophie, denn es gibt nicht einmal die elementar erforderliche Einheit des Gedankens, genügende Beispiele dafür haben wir gesehen, als wir die verschiedenen Auffassungen von Wl. Iljin sowie von Plechanow zu ein und denselben Fragen untersuchten.

Nunmehr erlaube ich mir, einige kleine Geheimnisse der erdrückenden Gelehrtheit der verehrten Autoren zu lüften. Ich greife absichtlich jene Fälle heraus, in denen sie mit autoritärer Miene von der »Unwissenheit« ihrer Gegner sprechen.

Sie, lieber Leser, werden denken, dass, wenn man Ihnen Zitate einzelner Autoren unterbreitet, dies bedeutet, dass sie gelesen, studiert und im Großen und Ganzen gut bekannt sind. Nun, da irren Sie. Hier ein Beispiel.

> Engels »grenzte sich von den ›vulgären‹ Materialisten Vogt, Büchner und Moleschott unter anderem gerade deswegen ab, weil sie sich zu der Ansicht verirrten, dass unser Gehirn die Gedanken *ebenso* absondere wie die Leber die Galle.«[94]

Dieses Zitat beweist, dass Wl. Iljin *mindestens zwei* der drei von ihm genannten Vertreter des bourgeoisen Materialismus nicht kennt.

In Wirklichkeit stammt die bekannte Formel, »dass unser Gehirn die Gedanken ebenso absondere wie die Leber die Galle«, von dem berühmten Physiologen [Pierre-Jean-Georges] Cabanis, und von den

94 Ebd., S. 39. Zu dieser Textstelle gibt es in den Ausgaben der Werke Lenins weder Quellenangaben noch Kommentare.

drei Genannten hat sie nur Karl Vogt aufgegriffen. Moleschott, ein in seinen Formulierungen vorsichtiger und präziser Denker, kann mit diesem Vulgarismus nicht in Verbindung gebracht werden. Und Büchner hat sogar *gegen diese Äußerung polemisiert.* Und wo? Genau in seinem berühmtesten Werk »Kraft und Stoff«.[95]

Aber die Namen sind genannt, der Eindruck der Gelehrtheit geweckt, daher kann man fortan auf Schritt und Tritt an die Adresse der Gegner gerichtet wiederholen, dass »Unkenntnis kein Argument« ist und andere vergleichbare Belehrungen abgeben.

Ein anderes Beispiel: eine Lehrstunde des Professors Wl. Iljin für einen gewissen A. Bogdanow in Geschichte der Philosophie. Vor zehn-zwölf Jahren hat Bogdanow im Buch »Historische Naturauffassung« geschrieben:

> »›Der allgemeine kausale Zusammenhang der Erscheinungen ist das letzte, das beste Kind der menschlichen Erkenntnis; er ist das allgemeine Gesetz, das höchste jener Gesetze, die der menschliche Verstand, um mit den Worten des Philosophen zu sprechen, der Natur vorschreibt.‹ (›Grundelemente usw.‹, S. 41).«[96]

Nachdem er diese Stelle zitiert hat, erklärt er würdevoll:

> »Allah weiß, wo Bogdanow damals sein Zitat hergenommen hat. Tatsache ist, dass die ›Worte des Philosophen‹, die der ›Marxist‹ vertrauensvoll wiederholte, die Worte *Kants* sind. Ein unangenehmer Fall!«[97]

Wahrhaftig, was für eine Gelehrtheit? Wl. Iljin weiß, dass diese bekannten, Tausend und Abertausende Mal zitierten Worte Kant zuzuschreiben sind, Bogdanow hingegen wusste dies offensichtlich nicht, er hat sie woher auch immer, abgeschrieben, und deshalb gesagt, dass es »Worte des Philosophen« sind, ohne dessen Namen zu nennen.

95 Vgl. Ludwig Büchner: Kraft und Stoff, Leipzig o.J.; »Die Absurdität einer solchen Idee ist so auffallend, dass man nicht einmal den Mut hatte, bei den genannten Organen an dieselbe zu denken.« (Ebd., S. 8) und im Kapitel »Der Gedanke« heißt es: »Der Gedanke, der Geist, die Seele dagegen ist nichts Materielles, nicht selbst Stoff, sondern der zu einer Einheit verwachsene Komplex verschiedenartiger Kräfte, der Effekt eines Zusammenwirkens vieler mit Kräften oder Eigenschaften begabter Stoffe. [...] Der Dampf, den die Maschine dabei ausstößt, ist Nebensache, hat mit dem, was die Maschine bezweckt, nichts zu tun und kann als Materie gesehen, gefühlt usw. werden.« (Ebd., S. 120–121)

96 [Wl. Iljin]: Materialismus und Empiriokritizismus, in: LW, Bd. 14, S. 164.

97 Ebd.

Andererseits, welch fundierte, wahrhaftige Orthodoxie! Ein Marxist wiederholte vertrauensvoll die Worte Kants, und Wl. Iljin findet das amüsant: »Ein unangenehmer Fall«. Ihm ist so etwas nie passiert ...

Der Leser, der die von mir in jener alten Arbeit dargelegte Auffassung über die Naturgesetze mit der Auffassung von Kant vergleicht, erkennt sehr schnell, dass ich diese Worte Kants in einem anderen Sinne als dieser verwendete und daher auch keinen Grund hatte, meinen Leser auf Kant hinzuweisen. Doch nicht das ist jetzt von Interesse. Von Interesse ist, dass er mit eben jenem Satz den Beweis für seine Unkenntnis der Schriften Kants, dessen historischer Rolle, und so seltsam das auch klingen mag, seines eigenen Verhältnisses zu dessen Philosophie, geliefert hat.

Allein schon die »Worte Kants« vertrauensvoll zu wiederholen, ist für einen »Marxisten« offensichtlich »ein unangenehmer Fall!« Stellen Sie sich das bitte vor, lieber Leser.

Der Marxismus ist wie bekannt, Erbe der *klassischen deutschen Philosophie*. Wer ist deren Stammvater? *Kant*.

Die Worte Kants vertrauensvoll zu wiederholen, ist ein unangenehmer Fall! Zum Beispiel die von der Wissenschaft anerkannte geniale kantsche Theorie der Entstehung der Welten zu wiederholen, welcher wahre »Marxist« würde sich das erlauben? Nicht wahr?

Die geniale kantsche Widerlegung des ontologischen Gottesbeweises »vertrauensvoll zu wiederholen« – ein unangenehmer Fall!

In Anbetracht dieser »marxistischen« Strenge kann ich mich nur voller Furcht und Ehrfurcht verneigen, und in aller Offenheit meine große Schuld und Sünde eingestehen, immer dann die Worte Kants »wiederholt« zu haben, wenn es mir angebracht erschien. Allerdings möchte ich auf einen strafmildernden Umstand hinweisen, das verlockende Beispiel, das mir die zwei wahren und autoritären »Marxisten« entgegenhielten, haben sie Dutzende Male und dabei vertrauensvoll in der Polemik gegen verschiedene »Machisten« wiederholt. Diese zwei Marxisten sind G. Plechanow und Wl. Iljin. Wenn vom »Ding an sich« die Rede ist, gehen sie stets von Kant aus, zitieren ihn, und führen danach unterschiedliche Vorbehalte an.

»Was aber ist es eigentlich, das auf unsere Sinnesorgane einwirkt? Auf diese Frage antworte ich mit Kant: *das Ding an sich*.«[98] So verkündet es Plechanow (in der »Kritik unserer Kritiker«). »Wenn Kant

98 Plechanow: Materialismus militans, S. 274.

zugibt, dass unseren Vorstellungen etwas außer uns, irgendein Ding an sich, entspreche, so ist er hierin Materialist.«[99] So lautet ein Ausspruch des Materialisten Wl. Iljin. Dieser Ausspruch ist mehr als nur unbegründet, denn von welchem Materialismus kann die Rede sein, solange nicht geklärt ist, welcher Art das Ding an sich ist, zum Beispiel ob es sich um eine Gottheit handelt ... Aber es steht fest, dass der Ausspruch taugt, um sämtliche Instinkte freizusetzen, die auf die »Wiederholung der Worte Kants« gerichtet sind.

Um bis auf den Grund des Borns der Weisheit des verehrten Autors vorzudringen, greifen wir noch eine Episode – es geht um Avenarius – heraus.

Die gesamte »Kritik der reinen Erfahrung« ist der Versuch, die Entwicklung der menschlichen, in der Praxis erworbenen Erfahrung nachzuzeichnen. Inwieweit dieser Versuch gelungen ist, darüber gehen die Meinungen auseinander, und ich persönlich habe gegen viele Konzeptionen und Hypothesen polemisiert. Aber hier geht es um etwas Anderes.

Der neueste Positivismus vor Mach und Avenarius strebte danach, *Philosophie der reinen Erfahrung* zu sein, das trifft insbesondere auf die Immanenz-Schule zu. Den Begriff »reine Erfahrung« verwendet sie im Sinne von – *ausschließlich* Erfahrung, ausschließlich »unmittelbar Gegebenes«, im Unterschied zu anderen, auf seiner Grundlage entstandenen Schlussfolgerungen, Verallgemeinerungen, Hypothesen. Avenarius genügt dieser Begriff nicht, weil sich auf ihm keine Evolutionstheorie aufbauen lässt, daher tritt er mit einer *Kritik* der reinen Erfahrung hervor. Er untersucht die Entwicklung der Erfahrung als *Anpassung* des menschlichen Organismus an seine Umwelt, und gelangt auf dieser Grundlage zu einem *anderen* Begriff der »reinen Erfahrung«. Für ihn ist reine Erfahrung eine Erfahrung, die durch vollständige *Übereinstimmung* zwischen den Empfindungen des Menschen und der Umwelt gekennzeichnet ist und in der es keinerlei schädliche oder unnütze Elemente für die Anpassung des Menschen an die Umwelt gibt. Die Entwicklung der Erfahrung tritt bei Avenarius als progressive Umgestaltung in reine Erfahrung auf, als Aussonderung alles Nutzlosen und nicht Lebensnotwendigen.

Seine Abhandlung beginnt Avenarius mit dem Vergleich des tradierten Begriffs der reinen Erfahrung mit seinem, evolutionären

99 [Wl. Iljin]: Materialismus und Empiriokritizismus, in: LW, Bd. 14, S. 195.

Begriff; erstere Erfahrung nennt er »analytische«, seine Erfahrung »synthetische«. In seiner Untersuchung zeigt Avenarius, dass beide Begriffe historisch unterschiedlich sind, d. h. längst nicht alles, was die Menschen lediglich als Erfahrung ansehen, als ihnen in der Erfahrung unmittelbar gegebene Tatsachen, erweisen sich praktisch als solche, bei Weitem nicht alles entspricht den Erfordernissen der Entwicklung des Lebens, und Vieles, was als in der Erfahrung unmittelbar gegeben angesehen wird, wird in der Folge aus der menschlichen Erfahrung entfernt, als Illusion, als Fehler in der Wahrnehmung, als Fantasieprodukt usw., usf. Letztlich, wenn die Erfahrung von derartigen Bestandteilen gereinigt ist, entfällt auch die Unterscheidung zwischen dem traditionellen Begriff der reinen Erfahrung und dem wissenschaftlich-evolutionären Begriff, es bildet sich die »reine Erfahrung« im strengen Sinne des Wortes heraus.

Somit ist völlig klar, dass die Begriffe »Erfahrung« und »reine Erfahrung« durchaus nicht dasselbe bedeuten, letzterer ist für den ersten die *höchste* Stufe, und hat nicht nur eine Bedeutung, sondern zwei, die sowohl historisch als auch logisch völlig verschieden sind, und jemand, der diese *drei Begriffe* vermengt, kennt weder die Auffassungen der Immanenz-Schule noch die von Avenarius und erst recht nicht die »Kritik der reinen Erfahrung«, die ihrem Wesen nach voll und ganz der biogenetischen und logischen Analyse des Zusammenhangs und des Unterschieds der oben genannten drei Begriffe, ihrer historischen Formen und Wandlungen gewidmet ist.

Wir zitieren hier, was Wl. Iljin zu dieser Frage zu sagen hat. (Ich erlaube mir lediglich die Fehler zu korrigieren, die in der schlechten, von Wl. Iljin genutzten Übersetzung enthalten sind.)

> »Sehen wir uns nun an, wie das Wort Erfahrung in der empiriokritischen Philosophie angewendet wird. Der erste Paragraph der ›Kritik der reinen Erfahrung‹ verzeichnet die folgende ›Annahme‹: ›Es stehe ein beliebiger Bestandteil unserer Umgebung in einem solchen Verhältnis zu menschlichen Individuen, dass, wenn jener gesetzt ist, diese eine Erfahrung aussagen: ›es wird etwas erfahren‹; ›es ist etwas eine Erfahrung‹ bzw. ›aus der Erfahrung entsprungen‹, ›von der Erfahrung abhängig‹. (S. 1 der russ. Übersetzung.) Die Erfahrung wird also immer mit denselben Begriffen: Ich und Umgebung bestimmt, wobei die ›Lehre‹ von ihrer ›unauflöslichen‹ Verbindung vorläufig noch verborgen bleibt. Dann lesen

> wir weiter: Der ›synthetische Begriff reiner Erfahrung‹: ›nämlich der Erfahrung als eines Ausgesagten, welches in allen seinen Komponenten rein nur Bestandteile unserer Umgebung zur Voraussetzung habe‹ (1/2). Wenn wir akzeptieren, dass die Umgebung unabhängig von den ›Erklärungen‹ und ›Aussagen‹ des Menschen existiert, so entsteht die Möglichkeit, die Erfahrung materialistisch zu interpretieren! Der ›analytische Begriff der reinen Erfahrung‹: ›als eines Ausgesagten, welchem nichts beigemischt ist, was nicht selbst wieder Erfahrung wäre – welches mithin in sich selbst nichts anderes als Erfahrung ist‹ (2). Erfahrung ist Erfahrung. Und da finden sich noch Leute, die glauben, dass dieser pseudogelehrte Unsinn in Wahrheit einen tiefen Sinn habe!«[100]

Aus dem Zitierten folgt:
1. dass Wl. Iljin meint, dass Avenarius an der angegebenen Stelle seiner Arbeit eine Definition der Erfahrung als solcher formuliert – wovon dort aber keine Rede ist;
2. dass Wl. Iljin den »synthetischen« und »analytischen« Begriff der reinen Erfahrung für die Definition der Erfahrung im Allgemeinen hält, was bedeutet, dass er diese drei Begriffe vermengt;
3. daraus folgt, dass Wl. Iljin weder die grundlegenden Theorien der Immanenz-Schule und die der Empiriokritischen Schule noch die Arbeit von Avenarius, aus der er zitiert, als Ganzes kennt.

Es ist in der Tat keine einfache Angelegenheit, die »Kritik der reinen Erfahrung« zu studieren. Aber man kann den Anschein erwecken, dass man dies getan hat, wenn man die ersten Seiten und einzelne Termini zitiert, der Leser wird nicht dahinterkommen. Aber ich behaupte: Jeder Spezialist kommt dahinter und der eine oder andere wird ihn überführen.

Wir kennen Wl. Iljin – einen gebildeten Ökonomen, der sich in seinem Fachgebiet wirklich auskennt. Ja, und? In seinen Abhandlungen über die Ökonomie werden Sie eine derartige zur Schau gestellte Stellung von Gelehrtheit wie in seiner »Philosophie« und einen derart hochtrabenden Ton nicht finden. Der Grund hierfür ist sehr einfach: Dort kennt er sich aus, weiß, wovon er spricht ...

Doch neben dieser Ursache hat zweifellos jenes selbst gewählte Vorbild auf Wl. Iljin gewirkt, der philosophische Kopf der Schule, G. Plechanow. Ihm wende ich mich nun zu.

100 Ebd., S. 143.

XX.

Aus anderem Anlass habe ich bereits auf zwei unterschiedliche Auffassungen Plechanows über das Ding an sich hingewiesen. Mal hat er ihnen irgendwelche »Formen« und »Verhältnisse« zugeschrieben, die wir nicht kennen, die sich aber in den Formen und Verhältnissen unserer Erfahrung spiegeln, und die etwas in der Art ihrer Symbole oder Hieroglyphen darstellen; ein anderes Mal behauptete er, dass Dinge *an sich* keine »Gestalt« haben und auch nicht haben können, dass ihre »Gestalt« gerade ihr Abbild ist, das Ergebnis ihrer Einwirkung auf die Sinnesorgane der Menschen und Tiere. Ich habe auf die Widersprüchlichkeit dieser Erklärungen hingewiesen: Man kann nicht über eine »Form« verfügen, ohne über eine »Gestalt« zu verfügen, d. h. sinnliche Eigenschaften, um die es hier geht.

In seiner Entgegnung beginnt Plechanow zu beweisen, dass er hier überhaupt keinen Widerspruch gibt, denn bei »Form« und »Gestalt« handelt es sich um völlig unterschiedliche Dinge.

> »Nein! Der Begriff ›Gestalt‹ kann niemals ein Synonym für den Begriff ›Form‹ sein, weil er diesen bei Weitem nicht deckt. Schon Hegel hat in seiner ›Logik‹ sehr exakt nachgewiesen, dass die ›Form‹ eines Gegenstandes nur in einem bestimmten und noch dazu *vordergründigen Sinne* mit seiner ›Gestalt‹ identisch ist: im Sinne der äußeren Form. Eine tiefere Analyse hingegen lässt uns die Form als das ›Gesetz‹ des Gegenstandes oder besser gesagt, als dessen *Struktur* begreifen. Und dieser wichtige Beitrag Hegels zur logischen Lehre von der Form war bei uns den Leuten, die sich mit Philosophie befasst haben, schon in den 20 Jahren des vorigen Jahrhunderts bekannt. Damit Sie das erkennen, möchte ich Ihnen zum Beispiel die folgenden Zeilen aus einem Brief D. Wenewitinows an die Gräfin N.N. zum Lesen empfehlen. ›Sie sehen jetzt‹, sagt Wenewitinow, nachdem er den Begriff der Wissenschaft bestimmt hat, ›dass das Wort *Form* nicht die äußere Erscheinung der Wissenschaft wiedergibt, sondern ein allgemeines Gesetz, dem sie notwendigerweise folgt.‹ (Wenewitinows Werke, St. Petersburg 1855, S. 125.) Es ist sehr, sehr schade, Herr Bogdanow, dass Ihnen unbekannt geblieben ist, was dank Wenewitinow schon vor 80 Jahren zumindest einigen vornehmen russischen Damen bekannt war.«[101]

101 Plechanow: Materialismus militans, S. 286.

Und dann erklärt Plechanow noch einmal:

> »Als ich das Wort ›Form‹ verwendete, *wusste ich*, was man darunter zu verstehen hat. *Sie* dagegen haben das aufgrund ihrer frappierenden Unkenntnis der Philosophiegeschichte *nicht gewusst*, und Ihnen ist nicht einmal aufgefallen, dass es hier etwas gibt, das untersucht und bedacht zu werden verdient.«[102]

Welch prächtige Abneigung eines echten Spezialisten, der die Geschichte der Philosophie bis hin zu Wenewitinow und der Gräfin N.N. kennt, gegenüber einem ungebildeten Subjekt, dass es gewagt hat, seine Meinung kundzutun.

Vorab zwei Bemerkungen zum Wesen der Frage. Können Sie sich die »Struktur« eines Gegenstandes vorstellen, der keine »Gestalt« hat, d. h. sinnliche Eigenschaften? Versuchen Sie es. Die Sache ist die, dass die »Struktur« ebenfalls eine Abstraktion ist, die aus der *sinnlichen Erfahrung* als »Form« und »Gestalt« hervorgeht. Die Struktur hat *unterschiedliche Teile* des Gegenstandes und deren wechselseitigen Zusammenhang zur Voraussetzung. Und das alles ohne jegliche *Gestalt*, ist dem nicht so?

Nun zur Gelehrtheit unseres Spezialisten ... Ich halte mich nicht für einen Spezialisten auf dem Gebiet der Geschichte der Philosophie, doch in meiner über 20 Jahre währenden Beschäftigung mit Philosophie kam ich nicht umhin, mich mit einigen wichtigen Momenten ihrer Entwicklung bekannt zu machen. Und nachdem ich die hier erwähnte Vorlesung Plechanows über die Geschichte der Philosophie gelesen habe, muss ich gestehen, konnte ich zuerst meinen Augen nicht trauen. Der Begriff der Form als *Gesetz* oder *Struktur* des Gegenstandes ist *Hegels Beitrag zur logischen Lehre über die Form!*

Zweifellos halten viele Philosophiehistoriker Aristoteles für einen großen Plagiator, doch mir kam es nie in den Sinn, dass er es fertiggebracht hat, sich »Hegels Beitrag« anzueignen ... Dabei hat Aristoteles in der »Metaphysik« und zuvor in der »Physik« die besagte Definition der Form unzweideutig formuliert.

Als Beispiele führe ich einige Stellen aus beiden Arbeiten an (man könnte beliebig viele anführen).

102 Ebd., S. 287

> »Wenn es ein Haus geben soll, so besteht die Notwendigkeit, dass erst das und das geschehen sei oder dass das und das vorhanden sei; oder allgemein formuliert; dass das zweckmäßige Material da sei, z. B., im Falle eines Hauses, die (›notwendigen‹) Ziegel und Natursteine. Aber keinesfalls ist dies alles der Grund für das Ziel, es sei denn im Sinne von Materialgrund, noch kommt das Ziel etwa durch dies alles zustande. Nur kommt allerdings, wenn all dies überhaupt nicht da ist, weder das Haus, noch die Säge zustande, das Haus nicht ohne die Steine, die Säge nicht ohne den Stahl.«[103]

> »Denn die Natur ist Endziel und Zweck. Was nämlich eine stetige Bewegung hat und ein Ende dieser Bewegung, dem ist dieses das Letzte und der Zweck.«[104]

»In anderem Sinne heißt Grund die Form und das Urbild, also der Wesensbegriff, (in der Sprache von heute – das *Gesetz*, das ihre *Struktur* bestimmt – A.B.) sowie die jenen übergeordnete Gattung, so für die Oktave das Verhältnis 2:1, (Gesetz! A.B.) und als höherer Begriff die Zahl, und die Glieder des Verhältnisses. (Struktur! A.B.)«[105] Dieses Zitat ist jener Stelle entnommen, wo von den vier Formen der Ursache die Rede ist – Materie[106], Form[107], Bewegung[108] und Endziel[109].«

> »Durch Kunst aber entsteht alles das, wovon die Form zuvor im Geiste ist. (»Form« bedeutet hier die künstlerische Idee des Kunstwerkes, d. h. das Gesetz seiner Struktur – A.B.) Unter der Form

103 Ich zitiere nach der französischen Akademie-Ausgabe. [Anm. A.B.]
Aristoteles: Physikvorlesung (übersetzt von Hans Wagner), Berlin 1995, 200a15.

104 Aristoteles: Physik (übersetzt von Christian Hermann Weiße), Leipzig 1829, 194a20. In der Übersetzung von Hans Wagner: »Nun aber ist Natur Prozessabschluss und Prozesszweck – denn überall, wo bei einheitlichem Zusammenhang des Prozesses schließlich ein (innerer) Abschluss statthat, da ist dieses Prozessergebnis auch der Prozesszweck.«

105 Aristoteles: Metaphysik (übersetzt von Friedrich Bassenge), Berlin/Boston 1990, 1013a25. In der Übersetzung von Friedrich Bassenge: »Ursache heißt: [2] die Gestalt und damit das Urbild (dies ist der Begriff des jeweils zugehörigen Seins) und die Gattungen, zu denen sie gehören (zum Beispiel für die Oktave die Proportion 2:1 und allgemein die Zahl) und die Teile, die im Begriff enthalten sind.« In der Übersetzung von Thomas Alexander Szlezák: »Ursache wird (2) in einer anderen Bedeutung die Form und das Muster – das ist aber die Formel des ›Was es war zu sein‹ – und dessen Gattungen (zum Beispiel Ursache der Oktave ist das Verhältnis 2:1 und allgemein die Zahl) und die Teile der Formel.« (Aristoteles: Metaphysik. Übersetzt und eingeleitet von Thomas Alexander Szlezák, Berlin 2003)

106 In der Übersetzung von Bassenge: Bestandteil einer Sache.

107 In der Übersetzung von Bassenge: Gestalt. In der Übersetzung von Thomas Alexander Szlezák: Form

108 In der Übersetzung von Bassenge: Woher des ersten Anfangs.

109 In der Übersetzung von Bassenge: Endziel.

> aber verstehe ich das begriffliche Wesen und die ursprüngliche Substanz. In diesem Sinne hat das eine und auch sein Gegenteil gewissermaßen eine und dieselbe Form. (Soll das die Äußerlichkeit sein? – A.B.) Das Wesen des Positiven macht auch das Wesen dessen aus, was dem Positiven als die Privation gegenübersteht. So ist in Gesundheit und Krankheit das Wesen dasselbe; denn darin, dass die Gesundheit nicht da ist, zeigt sich die Krankheit.«[110]

»Gesundheit« und »Krankheit« als Formen: das sind doch die »äußeren Gestalten«, nicht wahr? Es bedurfte eines Hegel, um die Form in einem anderen, nicht oberflächlichen Sinne zu verstehen?

Ich entschuldige mich beim Leser für diese schwergewichtigen Zitate. Aristoteles' Sprache erinnert, ehrlich gesagt, an die schlechtesten Seiten Kants, doch dafür ist er präzise genug, woran kein Zweifel besteht. Hegels Plagiat liegt auf der Hand, und es bedarf eines Philosophiehistorikers wie Plechanow, um, gestützt auf Wenewetinow und die Gräfin N.N., die Gerechtigkeit wiederherzustellen. Aristoteles nicht zu kennen? Was für Lappalien! Dafür kennt man Wenewetinow, so wie es sich für einen *echten* Spezialisten gehört.

Und noch ein, nicht minder aufschlussreiches Beispiel.

Plechanow ist bekanntlich *Spinozist*. Engels habe eines Tages zu Plechanow gesagt: »Gewiss, der alte Spinoza hat vollständig recht gehabt.«[111] »Der Gedanke und die Ausdehnung sind nichts als die beiden Attribute einer einzigen Substanz.«[112]

> »Wenn wir mit Spinoza sagen würden, dass der Gedanke und die Materie zwei verschiedene Attribute ein und derselben Substanz sind, dann hätten wir gleichzeitig anerkennen müssen, dass das erste dieser Attribute ausschließlich dank des zweiten zum Vorschein kommt. Das widerspricht keinesfalls den Schlussfolgerungen der modernen Wissenschaft.«[113]

110 In der Übersetzung von Bassenge: »Durch Kunst nun entsteht das, dessen Gestalt in der Seele ist. (Als Gestalt bezeichne ich das jeweils zugehörige Sein des Einzelnen und das erste Wesen.) [...] Gesundheit ist zum Beispiel das Wesen für die Krankheit (denn die Krankheit ist Abwesenheit der Gesundheit).« (1032b1ff)

111 Georgi Plechanow: Cant wider Kant oder das geistige Vermächtnis des Herrn Bernstein, in: Plechanov: Kritik unserer Kritiker, S. 76–107, hier: S. 88.

112 Ebd.

113 Georgi Plechanov: A. L. Volynskij »Russkie kritiki« [»Russische Kritiker«], in: G.V. Plechanov: Ėstetika i sociologija iskusstva [Ästhetik und Soziologie der Kunst], Moskau 1978, T. II, S. 371–406, hier S. 375.

Warum mussten wir das anerkennen? Weil Plechanow zuvor behauptet hatte, »dass die Erfahrung zeigt, dass die *psychischen* Erscheinungen durch bestimmte *physikalisch-chemische* (physiologische) Erscheinungen im Nervensystem hervorgerufen werden«.[114] Nach all dem, meint Plechanow, ist »die Auffassung der Materialisten über das Verhältnis physischer Kräfte auf das psychische Leben « klar.[115]

An anderer Stelle bemerkt Plechanow:

> »Ich gebe zu, dass der Satz: ›Das Denken ist aus dem Sein, aber das Sein nicht aus dem Denken‹, nicht spinozistisch klingt. Aber das ›Denken‹, um das es sich hier handelt, ist das *menschliche Bewusstsein*, d. h. die höhere Form des ›Denkens‹ und das Voraussetzen des Seins dieses Denkens schließt keineswegs das ›Beseeltsein der Materie‹ aus.«[116] Und er fügt hinzu: »Bis dahin behaupte ich mit vollster Überzeugung, dass Marx und Engels (in der *materialistischen* Periode ihrer Entwicklung) nie den Standpunkt des Spinozismus aufgegeben haben.«[117]

Aus den hier zitierten sowie aus anderen Textstellen, die ich übergehe, um dem Leser nicht die Zeit zu stehlen, geht mit aller Klarheit hervor:

1. Plechanow ist Anhänger des allgemeinen *psycho-physischen Parallelismus*, d. h. der Lehre, gemäß der sämtliche materiellen Erscheinungen unzertrennlich mit psychischen Erscheinungen unterschiedlichen Grades verbunden sind, dass die Psyche der Materie überhaupt eigen ist;
2. dass Plechanow diesen Blickwinkel Spinoza, und Spinozas Auffassung Engels zuschreibt.

Ich muss hier nicht untersuchen, inwieweit diese »panpsychische« Theorie ihrem Wesen nach richtig ist, denn ich habe es jetzt dank Wl. Iljin und Plechanow mit »hohen« Fragen philosophischer Gelehrtheit und Unwissenheit zu tun. Deshalb geht es hier um etwas anderes: nämlich darum, ob Spinoza wirklich solche Auffassungen vertrat, wie es nicht nur unser Spinozist Plechanow meint, der nicht nur für sich selbst, sondern auch im Namen von Engels und sogar Marx spricht.

114 Ebd., S. 375.

115 Ebd.

116 Georgi Plechanow: Bernstein und der Materialismus, in: Plechanow: Kritik unserer Kritiker, S. 5–20, hier: S. 19.

117 Ebd.

Was sind »psychische Erscheinungen«? In erster Linie *Empfindungen, Wahrnehmungen, Vorstellungen*, d. h. Gestalten der Dinge oder Elemente dieser Gestalten. Ist das jenes Denken (*cogitatio* oder *mens*), von dem Spinoza spricht, wenn er es in Bezug zur Ausdehnung setzt? Nichts dergleichen. Spinoza selbst protestierte energisch und entschieden gegen eine derartige Vermengung, den »Spinozismus« Plechanows vorausahnend.

Im zweiten Teil seiner »Ethik«, im letzten umfangreichen Lehrsatz, schrieb Spinoza:

> »Ich fange also mit dem ersten an und erinnere die Leser, scharf zu unterscheiden zwischen der *Idee* oder dem Begriff des Geistes [*mentis conseptum*] und zwischen den *Bildern* der Dinge [*imagines rerum quae imaginatur*], die wir vorstellen.«[118]

Im Anschluss daran schreibt er über den Unterschied zwischen den Ideen und den Worten und erläutert den ersten Unterschied genauer:

> »Weil diejenigen, welche glauben, die Ideen bestünden in Bildern, die in uns durch die Begegnung der Körper entstehen, sich einreden, dass jene Ideen der Dinge, von denen wir uns kein ähnliches Bild machen können, keine Ideen wären, sondern nur Erdichtungen, die wir aus freier Willensentscheidung ersinnen; darum betrachten wir die Ideen wie stumme Gemälde an einer Tafel und sehen, von diesem Vorurteil eingenommen, nicht, dass die Idee, sofern sie Idee ist, *eine Bejahung oder Verneinung in sich schließt* [...] Diese Vorurteile wird aber der leicht ablegen können, der auf die Natur des Denkens achtet, welche den Begriff der Ausdehnung keineswegs in sich schließt und der demnach klar einsieht, dass die Idee (die ja eine Daseinsform des Denkens ist) weder in dem Bild eines Dinges noch in Worten besteht. Denn das Wesen der Worte und der Bilder wird von bloßen körperlichen Bewegungen gebildet, welche das Begreifen des Geistes keineswegs in sich schließen.«[119]

118 Baruch Spinoza: Ethik, Leipzig 1972, S. 148.

119 Ebd. Im 18. Jahrhundert hat sich die Vermengung von »Denken« und »Bewusstsein« durchgesetzt und deshalb haben die Neo-Spinozisten jener Zeit den Standpunkt des psycho-physischen Parellelismus der »Beseeltheit der Materie« eingenommen, was u. a. deren (von Plechanow in der »Kritik unserer Kritiker« zitierte) Kennzeichnung durch Diderot in der »Enzyklopädie« beweist. Plechanow notiert im Anschluss daran: »An dieser Stelle tritt nicht

Somit ist völlig offensichtlich, dass Spinoza das Gros der »psychischen Erscheinungen«, die »Bilder der Dinge«, d. h. Vorstellungen und Wahrnehmungen, dem Attribut der Ausdehnung zurechnet, indem er sagt, dass sie aus dem Zusammenstoß, aus der Wechselwirkung der Körper hervorgehen. Als Modi des Denkens erkennt er nur *Bestätigung* oder *Negation* an. Zum Beispiel ist die »Seele« für ihn die Idee des lebendigen Körpers, d. h. sie schließt die Bestätigung des Lebens dieses Körpers mit all seinen Eigenschaften ein.

Körper und Gestalten sind für Spinoza die Welt der Ausdehnung; d. h. hierzu zählt die gesamte Erfahrung, die gesamte Empirie, im exakten Wortsinn. Folglich ist die Parallelität der »Attribute« Denken und Ausdehnung ein *ideell-empirischer Parallelismus*.

Plechanow hingegen schrieb Spinoza einen *psycho-physischen* Parallelismus zu. Und das nicht nur in seinem Namen, sondern auch in dem von Engels und Marx, die Spinoza sehr schätzten, ihn aber auch kannten, und daher auch kaum »Spinozisten« sein konnten, wie es Plechanow war.

Zweifellos, ein wahrhaftiger Spezialist, der Wenewitinow und die Gräfin N.N. kennt.[120]

Erinnert Sie, lieber Leser, das nicht an einen anderen unserer vaterländischen Spezialisten, der

eine vollständige Liste der Werke Shakespeares erstellt hat,
Ohne Auslassungen und größere Fehler:
Irgendeine Zaira eines französischen Poeten
Hat er Shakespeare zugeschrieben, aber Hamlet übersehen.[121]

XXI.

Derart ist das Beispiel, das Wl. Iljin für sich gewählt hat, und dem er blind folgt.

Dieses Beispiel möchte ich jetzt vollständig entlarven und wende mich einer anderen Seite zu. Plechanow tritt in der Literatur nicht nur als wahrer Spezialist für Philosophie, sondern auch als Professor für literarische Ethik hervor. Es geht um folgende Umstände.

vollständig klar hervor, was nach Diderot die Überlegenheit der Auffassung der modernen Spinozisten über die der alten Spinozisten ausmacht.« [Plechanow: Bernstein und der Materialismus, S. 14] Selbstverständlich bleibt das unklar, wenn man den alten Spinozismus nicht kennt. [Anm. A.B.]

120 Siehe Plechanows Übersetzung der Broschüre von Engels über Feuerbach. [Anm. A.B.]

121 Nikolai Nekrassow: Literaturnaja travlja, ili razdražennyj bibliograf [Literarische Hetze, oder der gereizte Bibliograf]; das Gedicht entstand 1860.

In der Frage nach den »Dingen an sich«, darauf habe ich bereits hingewiesen, schwankt Plechanow zwischen zwei Auffassungen: Mal kommt diesen Dingen *keinerlei* Gestalt zu, mit Ausnahme ihrer Einwirkung auf unsere Sinnesorgane, mal kommt diesen Dingen Gestalt zu, doch wir können sie nicht erkennen, weil unsere Wahrnehmungen eher dessen »Hieroglyphen« sind. Von dieser zuletzt genannten Auffassung hat sich Plechanow 1905 in den Anmerkungen zur Broschüre von Engels über Feuerbach losgesagt, und 1906 ist er in seinem Sammelband »Kritik unserer Kritiker« zu ihr zurückgekehrt. In seiner Polemik konnte er diesen Dualismus nicht übergehen. Dies löste bei Plechanow einen Gefühlsausbruch aus. Er behauptet, ich hätte nicht das moralische Recht gehabt, seinen gegen Conrad Schmidt gerichteten, »Noch einmal über Materialismus«[122] überschriebenen Artikel aus dem 1906 erschienen Sammelband zu zitieren.

> »Sie haben boshaft darauf angespielt, dass die zweite Auflage meiner Feuerbach-Übersetzung in demselben Jahre (1906) erschienen ist, in dem mein Sammelband ›Eine Kritik unserer Kritiker‹ herauskam. [...] Sie hielten es nicht für erforderlich, danach zu fragen, aus welcher Zeit jener polemische Artikel stammt, der in den 1906 gedruckten Sammelband aufgenommen wurde. Ich habe schon gesagt, dass er Anfang 1899 verfasst worden ist. Es war mir nicht möglich, die Terminologie dieses polemischen Artikels zu korrigieren – aus einer Überlegung heraus, die ich bereits im Vorwort zur zweiten Auflage meiner ›Monistischen Geschichtsauffassung‹ formuliert habe, wo es heißt: ›Ich habe hier nur *Schreib- und Druckfehler* verbessert, die sich in die erste Auflage eingeschlichen hatten.‹[123] Ich habe mich nicht für berechtigt gehalten, an meinen *Argumenten* etwas zu ändern, und zwar aus dem einfachen Grunde, weil mein Buch ein *polemisches* Werk ist. Eine Änderung an einem polemischen Werk würde bedeuten, dass man seinem Feind mit einer neuen Waffe entgegentritt, während man ihn zwingt, mit der alten zu kämpfen. *Die Methode ist nicht statthaft*. Wieder haben Sie sich mächtig blamiert, Herr Bogdanow. Diesmal sind Sie hereingefallen, weil Sie der Stimme Ihres literari-

122 Vgl. Georgi Plechanow: Conrad Schmidt gegen Karl Marx und Friedrich Engels, in: Plechanow: Kritik unserer Kritiker, S. 21–40.

123 Vgl. Georgi Plechanow: Zur Frage der Entwicklung der monistischen Geschichtsauffassung, Berlin 1975, S. 17.

> schen Gewissens nicht genügend Aufmerksamkeit schenkten. Es hat Ihnen doch gesagt, dass Sie eine Dummheit begehen, wenn Sie eine Terminologie bekritteln, die ich bereits aufgegeben habe. Die Moral der Geschichte: Literarische Gewissensbisse sind solche ›Erlebnisse‹, deren Geringschätzung manchmal sehr unangenehme Folgen haben kann. Ich rate Ihnen, das nicht zu vergessen, Herr Bogdanow.«[124]

Eine vorzügliche Lektion in literarischer Ethik, nicht wahr? Stellen Sie sich vor, lieber Leser, dass ich anfangs an meinem Recht *zweifelte*, die russische Übersetzung des Artikels gegen Conrad Schmidt, der in einem 1906 publizierten Sammelband enthalten ist, für den Ausdruck der späteren Auffassungen Plechanows zu halten, da ich vermutete, er hätte seine 1899 in der *Neuen Zeit* veröffentlichten Artikel keiner gründlichen Redaktion unterzogen, sondern sie unverändert veröffentlicht. Darum machte ich mir die Mühe, das deutschsprachige Original mit der russischen Übersetzung zu vergleichen und musste mich davon überzeugen, dass letztere ihrem Wesen nach *gründlich überarbeitet* worden ist. Bereits der erste Artikel wies eine Reihe inhaltlich außerordentlich wichtiger Einschübe und Auslassungen auf.

In der russischen Übersetzung fehlt die erste Anmerkung im Umfang von sechs Zeilen,[125] die die allgemeine Kennzeichnung der Arbeiten von Conrad Schmidt enthält,[126] am Ende der Seite 145 fehlen zehn Zeilen mit der Polemik gegen Bernstein und Schmidt (russische Übersetzung, S. 184).[127] Es gibt zwei umfangreiche Ergänzungen. Auf die erste, im Umfang von 14 Zeilen über die Kantianer und deren Ver-

124 Vgl. Plechanow: Materialismus militans, S. 290–291.

125 »In diesem Artikel kritisiert Genosse Conrad Schmidt mein Buch: ›Beiträge zur Geschichte des Materialismus‹. Ich erachte diese Kritik für ungemein schwach, habe jedoch nicht die geringste Lust, an dieser Stelle mich mit ihr zu beschäftigen und auf sie zu antworten. Für den Augenblick interessieren mich lediglich die Einwürfe des Genossen Schmidt gegen den Materialismus von Marx-Engels und seine eigene Art und Weise, Kant aufzufassen.« (Plechanow: Conrad Schmidt, S. 21, Anm. 2*)

126 Georgi Plechanow: Conrad Schmidt gegen Karl Marx und Friedrich Engels, in: Die Neue Zeit, 5/1899, S. 133–145, hier S. 139.

127 »Der Umstand verdient die Aufmerksamkeit aller, denen unsere Sache am Herzen liegt, dass Genosse Bernstein für den Neokantianismus eine Schwäche gerade in dem Augenblick empfunden hat, wo er, um das zu bekämpfen, was er die *revolutionäre Phrase* zu benennen geruht, damit anfing, die opportunistische Phraseologie in ausgiebigem Maße zu gebrauchen und zu missbrauchen.« (Ebd., S. 40. In der Ausgabe: G.V. Plechanov: Izbrannye filosofskie proizvedenija [Ausgewählte philosophische Schriften], T. 2, Moskau 1956, S. 422, wird auf diese und die anderen »unwesentlichen Streichungen« (so die Begründung hierfür im Anmerkungsapparat, S. 722) nicht hingewiesen.

hältnis zur Entwicklungstheorie, hat der Autor hingewiesen.[128] Die zweite, sie betrifft das Verhältnis von Conrad Schmidt zu Kant, für die Zielstellung der Polemik von außerordentlicher Bedeutung, ebenfalls im Umfang von 14 Zeilen, wird mit Stillschweigen übergangen (S. 175). Auf S. 171 sind zwei Sätze eingefügt, die den Sinn grundlegend ändern, zum »unrichtigen Gedanken« und »Verrat an der materialistischen Erkenntnistheorie« wird das erklärt, was im deutschen Original als »materialistischer Gedanke« zitiert worden ist (nämlich, als ob wir nur das Äußere, die Schale der Dinge erkennen).[129] Und das sind längst nicht alle Änderungen, die ich gefunden habe; aber ich möchte die Aufmerksamkeit des Lesers nicht strapazieren.

Nachdem ich mich von alledem überzeugt hatte, entschloss ich mich, die *letzte* Ausgabe der Artikel gegen Conrad Schmidt für den Ausdruck der für jene Zeit *letzten* Auffassungen von Plechanow zu halten.

Jetzt erklärt *er* die von *ihm* selbst praktizierte Methode für »nicht statthaft« und verurteilt meine »literarischen Gewissensbisse«. Erinnert Sie das, lieber Leser, nicht an die aristokratische Institution *souffre douleur*, also den Brauch, ein Kind aus wohlhabender Familie ob seines Fehlverhaltens zu belehren, indem vor seinen Augen ein plebejisches Kind gezüchtigt wird?

Beim Abgleich des deutschen Originals mit der russischen Übersetzung des Artikels gegen Conrad Schmidt bin ich auf einen Sachverhalt aufmerksam geworden, der noch aufschlussreicher und dabei völlig beispiellos ist.

Der Empiriokritiker W. Tschernow hatte auf die rätselhaft-falsche Übersetzung einer der marxschen Feuerbachthesen durch Plechanow hingewiesen, und zwar genau jene, in der von der Praxis als dem Kriterium der Wahrheit die Rede ist. Im Original heißt es: »In der Praxis muss der Mensch die Wahrheit, i. e. die Wirklichkeit und Macht, Diesseitigkeit seines Denkens beweisen.«[130] In Plechanows Übersetzung steht anstatt der letzten Worte: »beweisen, dass sein Denken nicht bei der Diesseitigkeit der Erscheinungen stehen bleibt«. Die Übersetzung ist das genaue Gegenteil des Originals, Marx wird die Anerken-

128 Vgl. Plechanow: Bernstein und der Materialismus, S. 33, Anm. 31*.

129 »Aber das ist ein unrichtiger Gedanke, und die Materialisten, die ihn äußerten, verrieten im Prinzip, ohne sich dessen bewusst zu werden, ihre *eigene* Erkenntnistheorie.« (Plechanow: Bernstein und der Materialismus, S. 25)

130 Karl Marx: Thesen über Feuerbach, in: MEW, Bd. 3, S. 5–6.

nung der Dinge an sich im kantianisch-plechanowschen Sinne unterstellt.[131] Diese falsche Übersetzung war ein beliebtes Argument der Plechanow-Schüler gegen sämtliche »Machisten«.

Die Angelegenheit scheint völlig klar zu sein. Wenn in der Übersetzung der Worte von Marx ein »nicht« hinzugefügt wird, ist auch das Ergebnis ein Nicht-Marx oder Anti-Marx. W. Iljin beschimpft W. Tschernow auf unflätige Art und Weise für dessen »Ignoranz«, »grenzenlose Liederlichkeit«[132] und das Unvermögen, die »freie Wiedergabe durch Plechanow«[133] zu verstehen. Doch Tatsachen sind ein hartnäckig' Ding. Man hätte annehmen können, dass es sich hier um einen unbeabsichtigten Fehler handelt, und irren ist ja menschlich, was auch für eine Autorität wie Plechanow zutrifft. Leider stellt sich heraus, dass man *so etwas nicht denken darf.*

Im ersten Artikel gegen Conrad Schmidt[134] zitierte Plechanow die 2. Feuerbachthese, beendete das Zitat aber vor den Worten über die Diesseitigkeit. »Die Frage, ob dem menschlichen Denken gegenständliche Wahrheit zukomme – ist keine Frage der Theorie, sondern eine praktische Frage.«[135] In der russischen Übersetzung dieser Passage ist das Zitat um die falsch übersetzte Stelle ergänzt. Daraus folgt mit aller Bestimmtheit:

1. Plechanow wusste, dass Marx' wahre Aussage gegen ihn spricht, und ließ deshalb im in deutscher Sprache veröffentlichten Artikel, wo Marx nach dem Original zitiert werden muss, diese Worte weg.
2. Plechanow wusste, dass seine Übersetzung für ihn spricht, und beendete daher das Zitat im Artikel in russischer Sprache mit seiner falschen Übersetzung.

Ich schlage dem Professor für literarische Ethik Plechanow vor, eine gebührende Kennzeichnung dieser Kampfmethode vorzunehmen.

Und solch einen Philosophen hat sich Wl. Iljin, ein offensichtlich junger Philosoph, der mir bisher in der Fachliteratur nicht begegnet ist, zum Vorbild genommen. Völlig klar, dass bei ihm alles noch viel naiver und grober daherkommt. Was seine Fähigkeit angeht, den Gelehrten zu spielen, konnte sich der Leser anhand der angeführten

131 Siehe Plechanows Übersetzung der Broschüre von Engels über Feuerbach. [Anm. A.B.]

132 [Wl. Iljin]: Materialismus und Empiriokritizismus, in: LW, Bd. 14, S. 98.

133 Ebd.

134 Plechanow: Conrad Schmidt (Die Neue Zeit), S. 133–145.

135 Plechanow: Conrad Schmidt, S. 23.

Beispiele bereits ein Bild machen. Was die »literarisch-ethischen« Methoden betrifft, so nehmen sie bei ihm eine solche Gestalt an, dass sie beim Gegner nur Unbekümmertheit hervorrufen. Wenn er es für nötig erachtet, dem Leser, das, was ich über die Materialisten des 18. Jahrhunderts schrieb, als »Wirrwarr« vorzuführen, ersetzt er sie in seiner Polemik durch die Materialisten des 17. Jahrhunderts.[136] Doch da zwischen meinem Zitat und seiner Erwiderung nur eine Zeile steht, fällt das jedem auf. Kann man sich hier ärgern oder aufregen?

Es gibt ein lateinisches Sprichwort: »Wenn es an Kräften gebricht, so ist doch der Wille zu loben.«[137] Auf Wl. Iljin angewandt, muss es abgewandelt werden: Der Wille ist nicht gut, doch es fehlt an Kraft. Und das ist gut so.

XXII.

Als ich die professionelle Gelehrtheit von Wl. Iljin und seinem Lehrer G. Plechanow untersuchte, bin ich nicht auf die positive Seite dieser Frage eingegangen: Welches ist der tatsächliche Wert und die tatsächliche Bedeutung der professionellen Gelehrtheit, insbesondere auf dem Gebiet der Philosophie? Es ist nun erforderlich, dies speziell zu untersuchen, weil ein unerfahrener Leser auf der Grundlage der hier vorgestellten Enthüllungen zu außerordentlich bedauerlichen und grundfalschen Schlussfolgerungen gelangen kann wie zum Beispiel der: Wenn schon Wl. Iljin mit seinen tausenden Zitaten und G. Plechanow mit seinem Ruf als Theoretiker nicht wissen, wovon sie sprechen, wer hat dann überhaupt das Recht, über philosophische Wahrheiten und Irrtümer zu urteilen? Liegt es nicht auf der Hand, dass dies nur einige Auserwählte, Aristokraten der Erkenntnis vermögen, die die Zeit und die Möglichkeit haben, bis auf den Grund der philosophischen Spezialisierung vorzudringen, die eine unendliche Zahl philosophischer Traktate studiert haben und genau wissen, wer, was und wann über die Gnoseologie, Metaphysik usw. geschrieben hat. Um zu zeigen, wie relativ der Preis des Spezialwissens ist, führe ich zwei, drei historische Beispiele an.

Der geniale deutsche Dichter Johann Wolfgang Goethe könnte, ungeachtet seiner enzyklopädischen *Bildung*, kaum ein *Spezialist* auf

136 Vgl. [Wl. Iljin]: Materialismus und Empiriokritizismus, in: LW, Bd. 14, S. 98.

137 Publius Ovidius Naso: Briefe aus der Verbannung. Briefe vom Schwarzen Meer, Drittes Buch, Brief 4, An Rufinus, 5. überarbeitete Auflage, Mannheim 2011, S. 451, 79; Original lat.: »Ut desint vires, tamen est laudanda voluntas.«

dem Gebiet der Zoologie, Botanik, allgemeinen Biologie sein. Dabei kommen ihm bedeutende Entdeckungen auf diesen Gebieten zu: die Theorie der Metamorphose der Pflanzen und der Wirbeltheorie des Schädels. Dabei war er im Hinblick auf das Leben Anhänger der Evolutionstheorie, und das in einer Zeit, in der die Mehrheit der Spezialisten auf dem Gebiet der Biologie, darunter ihre gebildetsten und autoritärsten Vertreter die Unveränderlichkeit der Arten als nicht anzuzweifelnde und absolute Wahrheit ansahen.

Eine vergleichbare, revolutionär-richtige Position in dieser Frage nahm sein junger Zeitgenosse, der französische Romanist Honoré de Balzac ein, der in einer scharfsinnig-belletristischen Form die Vertreter der herrschenden Doktrin und insbesondere die größte Autorität unter den Spezialisten seiner Zeit, den genialen George Cuvier, verlachte. Dieser Balzac, der nebenbei gesagt, zweifellos ein Vorläufer und Lehrer von Marx auf dem Gebiet der Klassenpsychologie war, schreckte nicht davor zurück, eine eigene Meinung zu haben, die der der Spezialisten widersprach; während Lamarcks Ideen verspottet wurden, und Étienne Geoffroy Saint-Hilaire im Streit mit Cuvier unterlag, rächte sich der mutige Schriftsteller für ihre Misserfolge mit einem fröhlichen Pamphlet, in dem er sich nicht nur über die alte Weltanschauung, sondern auch über die Engstirnigkeit und Blindheit der Spezialisten lustig machte.[138]

Und hier ein Beispiel, das sich auf die Geschichte der größten Entdeckung des 19. Jahrhunderts, des Energieerhaltungs-Gesetzes, bezieht.

Der deutsche Arzt Julius Robert von Mayer formulierte ausgehend von seinen Beobachtungen als Arzt in tropischen Ländern durch äußerst komplizierte und außerordentliche interessante Schlussfolgerungen, die ich hier nicht nacherzählen muss, die Theorie der Erhaltung und Umwandlung verschiedener Energieformen. Seine Schlussfolgerungen fasste er in einem Artikel zusammen, den er an die von Johann Christoph Poggendorff herausgegebene Zeitschrift »Annalen der Physik« schickte.[139] Poggendorff schickte ihm das Manuskript mit

138 Das Märchen »Abenteuer eines Esels« ist im Sammelband »Bilder aus dem Staats- und Familienleben der Tiere« enthalten, das ca. 1840 in russischer Übersetzung erschienen ist. [Anm. A.B.]
Vgl. Grandville: Bilder aus dem Staats- und Familienleben der Tiere. 2 Bände. Mit einem Nachwort von Karl Riha. Unter Mitarbeit von Paul de Musset, Louis Viardot, Honore de Balzac, Alfred de Musset, George Sand et al., Frankfurt am Main 1976.

139 J.R. Mayer schickte 1841 seine Abhandlung »Über die quantitative und qualitative Bestimmung der Kräfte« zur Veröffentlichung in seinen »Annalen der Physik« an Poggendorff, in

der Bemerkung zurück, er solle sich nicht mit Dingen beschäftigen, deren ABC er nicht kennt. In der Tat, der Artikel Mayers enthielt einen groben, die Mechanik betreffenden Fehler: Er unterschied nicht zwischen der »Menge der Bewegung« und der »Lebenskraft«, ein Fehler, der für einen Spezialisten völlig unmöglich war. Doch das sprach nicht dagegen, dass es sich bei der Theorie um eine bedeutende Entdeckung handelte, doch man kann, wie Mach zurecht anmerkt, von einem Fachphilister[140] wie dem gelehrten Herrn Poggendorff nicht verlangen, dass er selbstständig den genialen, für ihn völlig neuen Gedanken erfasst.

Die Beispiele sind meines Erachtens deutlich genug. Selbstverständlich habe ich sie nicht angeführt, um die Nutzlosigkeit oder Schädlichkeit des Spezialwissens nachzuweisen. Aber sie tragen zur Beantwortung der Fragen nach dem Fachphilistertum, der Rechte von Spezialisten und Dilettanten und insbesondere der Frage nach dem Verhältnis des Marxismus zur Spezialisierung bei.

XXIII.

Die Spezialisierung ist ein *gesellschaftliches Verhältnis*, eine bestimmte Form der Arbeitsteilung, egal ob auf dem Gebiet der Technik oder der Wissenschaft. Ihr Sinn besteht darin, dass sie einerseits das *Betätigungsfeld* des Menschen *einengt*, andererseits *seine Kräfte* auf diesem begrenzten Feld *konzentriert*. Der erste Umstand trägt zur Verstärkung des Konservatismus der menschlichen Tätigkeit bei, indem er die Summe der äußeren Einflüsse, die den Menschen vorwärtstreiben, reduziert, das Material aussondert, aus dem die Entwicklung hervorgeht. Der zweite Umstand erhöht die Arbeitsproduktivität, und damit – unter gewöhnlichen Bedingungen – deren Fortschrittlichkeit.

Was ist wichtiger? Welche Tendenz ist stärker? Das ist die Frage nach den Tatsachen, die Frage nach der Geschichte. Lange Zeit gingen technischer und wissenschaftlicher Fortschritt einher mit der Spezi-

der er einen Erhaltungssatz der Kraft (gemeint war Energie) postulierte. Er wurde später als Erster Hauptsatz der Thermodynamik oder Energieerhaltungssatz bekannt. Auch weil die Abhandlung Mayers fundamentale physikalische Irrtümer enthielt, lehnte Poggendorff sie ab. Mayer bekam nicht einmal eine Antwort auf seine Einsendung. Erst nach Poggendorffs Tod 36 Jahre später soll der Text bei ihm wiedergefunden worden sein. Allerdings erschien schon 1842 Mayers Aufsatz »Bemerkungen über die Kräfte der unbelebten Natur« in den von Friedrich Wöhler und Justus von Liebig herausgegebenen »Annalen der Chemie«. Mayer musste dennoch jahrzehntelang auf Anerkennung seiner Theorie warten; sie setzte sich erst in seinen letzten Lebensjahren durch.

140 Im Original deutsch.

alisierung, Hand in Hand mit dieser. Doch nachdem sich das Feld der kollektiven Arbeit unermesslich ausgedehnt hat, führte die Einengung der individuellen Arbeit zu immer größerer Loslösung des Individuums vom Kollektiv und damit zu dessen Entkräftung. Der grundlegende, auf die Spezialisierung zurückzuführende Widerspruch, die beiden Tendenzen, traten in der Praxis immer deutlicher hervor; in der Technik führte das zum leblosen Typus des auf die elementare Arbeitsoperation reduzierten Manufakturarbeiters, in der Wissenschaft, und insbesondere in der Philosophie, zum nicht minder leblosen Typus des büchergelehrten Mandarins. Dies sind die extremen Typen, neben ihnen entstanden und existierten viele minder polare Typen mit mehr oder minder reduzierter Lebenstätigkeit.

Praktisch bedarf es noch auf jedem Schritt und Tritt der Spezialisierung und bei Weitem nicht jede mündet in ein extrem konservatives Denken. Während der ehrenwerte Spezialist Poggendorff nicht in der Lage war, die Theorie Mayers auch nur ansatzweise zu verstehen, hat ein anderer, nicht minder gelehrter Spezialist, Nicolas Léonard Sadi Carnot, bereits zehn Jahre vor Mayer selbige bedeutende Entdeckung gemacht, diese aber wegen seines frühen Todes nicht publizieren können[141]. Der dritte Spezialist, Rudolf Clausius, hat diese Theorie in der Folgezeit auf das vorzüglichste entwickelt und für diese die trefflichsten mathematischen Formulierungen gefunden. Meistens kommen die negativen Auswirkungen der Spezialisierung gerade dann zum Ausdruck, wenn irgendein wichtiger und bedeutender Schritt nach vorn unternommen wird, und dann, wenn dieser Schritt getan und der Widerstand der Handwerker-Gelehrten gebrochen ist, dann wendet sie sich voller Hingabe der Umsetzung der neuen Entdeckung oder Erfindung zu und vollendet sie mit großem Erfolg.

Doch der Fortschritt der Menschheit ist bei einer derart unvollkommenen und widersprüchlichen Form der Arbeitsteilung wie der Spezialisierung nicht stehengeblieben. Schritt für Schritt überwindet er sie. In Technik und Wissenschaft entstehen allgemeine, vereinigende Methoden. Auf dem Gebiet der Technik bringt sie die maschinelle Produktion hervor, in der Wissenschaft sind es die monistischen Theorien: Energetik, Darwinismus, die marxsche Lehre. Der an einer Maschine arbeitende Arbeiter unterscheidet sich dem Charakter und

141 Carnot war bekanntlich Offizier, d. h. ein kundiger Spezialist. Ende 1826 trat Carnot wieder in den militärischen Dienst ein und wurde planmäßig zum Hauptmann befördert. [Anm. A.B.]

dem Inhalt seiner Arbeit nach im Unterschied zu zwei Handwerkern verschiedener Gewerke oder zwei Spezialisten in einer Manufaktur kaum von einem anderen Arbeiter an einer anderen Maschine. Auf vergleichbare Weise nähern sich Denkformen und Denkstrukturen, auf die sich Forscher unterschiedlicher Wissenschaftsdisziplinen stützen, immer mehr an, werden sich immer ähnlicher. Im sozialistischen Gesellschaftssystem wird eine derartige Vereinigung von technischen und wissenschaftlichen Methoden erreicht werden, bei der der Übergang von einem Arbeits- oder Erkenntnisgebiet in ein anderes kaum einer Anstrengung bedarf und der Wechsel der Beschäftigung zur einfachsten Angelegenheit wird.

Doch das alles ist noch Zukunftsmusik, in Wirklichkeit existiert dieses nur als Tendenz. Die Abgrenzungen zwischen den Spezialgebieten sind noch stark ausgeprägt und schwinden nur sehr langsam. Die positive Rolle der Spezialisierung ist noch nicht an ihr Ende gekommen, und ihre philisterhaften Manufaktur-Formen sind noch sehr verbreitet.

In der Bewertung dieser Formen kommt der Philosophie, dem Wesen ihrer Arbeit nach, eine besondere und originelle Stellung zu.

Jede Wissenschaft systematisiert oder »organisiert« irgendein spezielles Wissensgebiet, und ist eben deshalb »speziell«. Die Philosophie hat keinen speziellen Bereich. Sie strebt danach, die Erfahrung und die Erkenntnis in ihrer Gesamtheit zu erfassen. Sie ist Ausdruck des *monistischen Bedürfnisses* des menschlichen Denkens. Folglich ist sie etwas der Spezialisierung Entgegengesetztes.

Die Zersplitterung des Menschen, die Herausbildung der Spezialisierungen, brachte eine Unmenge an Lebenswidersprüchen hervor, engte die Welt für den einzelnen Menschen ein und untergrub das Einvernehmen der Menschen, trennte die Interessen der Persönlichkeit von denen des Kollektivs und stellte sie den Interessen anderer Menschen entgegen; hieraus resultierte der Kampf aller gegen alle, der den Menschen der Macht gesellschaftlich-spontaner, für den Einzelnen unverständlicher und daher unüberwindlicher Kräfte auslieferte. Die Philosophie wollte zusammenfügen, was zerrissen war, wollte den Menschen eine ganzheitliche und einheitliche Weltanschauung vermitteln, wollte die Trennwände beseitigen, die die menschliche Erfahrung in abgeschlossene Zellen zwängen, wollte die Abgründe des Denkens füllen und eine Brücke von diesem zu dem in seiner unendlichen Kompliziertheit rätselhaft-schrecklichen Sein schlagen. All das kann man im Rahmen irgendeiner Spezialisierung nicht tun. Und die Philosophie der großen Meister hatte immer eine enzyklopädische Basis. Doch auch sie war nicht in der Lage, ihre gigantische Aufgabe zu lösen: Es ist unmöglich, etwas mit der Kraft von Ideen zusammenzufügen, was in der Realität uneinheitlich ist. Aber dennoch waren dies wichtige und wertvolle Versuche, die der weiteren, den menschlichen Gedanken einenden Arbeit den Weg ebneten. Schließlich brach die Zeit an, in der die Spezialisierung auch in der Philosophie obsiegte, ihren Sinn entstellte und aus der Philosophie etwas ihrer Aufgabe völlig Entgegengesetztes machte.

Die Philosophie wurde zu einer engstirnigen Spezialisierung, in der sich sehr schnell professionelle Beschränktheit und engstirniges Philistertum herausbildete. Die Aufgabe der Zusammenfassung der allgemeinmenschlichen Erfahrung in all ihrem unermesslichen Reichtum, ihrer Kompliziertheit und Widersprüchlichkeit ging an Menschen über, deren Wissen nicht über das von anderen in Büchern über Philosophie festgehaltenes Wissen hinausging. Der Inhalt der beim Versuch der Zusammenfassung des Wissens gesammelten Erfahrungen, der sich entwickelnden Arbeits- und Erkenntnispraxis war ihnen unbekannt und fremd, ja sogar uninteressant. Dies war eine Entartung der Philosophie zu leerer Scholastik, die lediglich im Sinne der Einübung logischer Fähigkeiten von Nutzen war.

Ein Mensch, der alles, die Gnoseologie und Metaphysik Betreffende gelesen hat, kann sich in kritischen Begriffsanalysen ergehen, aber er kennt weder das praktische Leben seiner Zeit, die Methoden und Ergebnisse unterschiedlicher Wissenschaften, auf die sich die menschliche Arbeit stützt, noch die Literatur und Kunst seiner Zeit – ein solcher Mensch ist eine lebende Verhöhnung der Philosophie. Was hat seine »Philosophie« für einen Wert, welche Erfahrungen vereint und organisiert sie? Die Erfahrung seiner Studierstube und tausender Bände fremder Überlegungen? Und diese Karikatur des philosophischen »Fachphilisters« ist in unserer Zeit weit verbreitet, er hat Erfolg, denn naive Menschen glauben, dass gerade er der wahrhaftige Träger des philosophischen Denkens ist.

Im Artikel eines derartigen Spezialisten, eines patentierten Denkers und Mitglieds zahlreicher Gesellschaften sowie Mitarbeiters entsprechender Zeitschriften, musste ich unlängst lesen, dass bei Weitem nicht alles Existierende sich auch entwickelt: Die Energiemenge bleibt in der Natur unveränderlich. Es ist schwer, in Worte zu fassen, welch

Unwissenheit im Hinblick auf die zeitgenössische Entwicklung von Technik und Wissenschaft in diesen Worten zum Ausdruck kommt, eine absolute Unkenntnis dessen, was das Symbol »Energie«, der zentrale Begriff der gesamten modernen Arbeitsorganisation und der exakten Wissenschaften, in der Produktion und in der Erkenntnis bedeutet. Der verehrte Denker war tatsächlich der Auffassung, dass die Energie etwas ist, das sich in einem anderen Ding – Natur genannt – befindet, und die sich vergrößern oder anschwellen oder »sich entwickeln« könnte, doch nichts dergleichen geschieht in der Realität. Er wusste nicht, dass es sich bei der »Energie« um das monistische Verhältnis des Menschen zu unterschiedlichen Erscheinungen in der Produktion und in der Erkenntnis handelt, und dass es die vereinigende Methode der einen wie der anderen ist, die sich vor unseren Augen immer weiterentwickelt.

Dieses Beispiel ist bei Weitem keine Ausnahme, sondern eher typisch für Menschen, die unter dem Studium der Philosophie die Lektüre philosophischer Bücher verstehen, und unter philosophischer Arbeit das Verfassen ebensolcher Bücher auf der Grundlage der Gelesenen. Von einer derartigen naiven Vorstellung werden sich Marxisten, denen bekannt ist, dass die Philosophie eine Ideologie, d. h. der »Überbau« ist, am ehesten distanzieren müssen, d. h. sie ist etwas Abgeleitetes, und daher ist es lächerlich, sie aus sich selbst herleiten zu wollen, stattdessen muss man mit der Klärung der »Basis« beginnen, d. h. man muss die Produktivkräfte untersuchen, was die technischen und die Naturwissenschaften tun, und danach die Wirtschaft und die Ideologie, was die Sozialwissenschaften tun. Und auf der Grundlage all dessen muss einem Marxisten klar sein, dass ein umfassend gebildeter und das Leben wahrnehmender Mensch viel besser für die philosophische Arbeit geeignet ist als ein verstaubter Spezialist auf dem Gebiet der Gnoseologie.

Hieraus folgt, um ein Vielfaches mehr als in anderen Disziplinen, das unbestrittene Recht eines »Profanen«, der über genügend Lebenserfahrung und Erfahrung auf dem Gebiet der Wissenschaften verfügt, sich eine eigenes »Urteil« im Kampf der philosophischen Richtungen zu bilden.

Und es ist besonders traurig anzusehen, wenn einige *Marxisten*, die sich philosophischen Fragen zuwenden, darum bemühen, als wahre Philister zu erscheinen und den Leser mit ihrer Gelehrtheit zu schrecken, damit er ihnen aufs Wort glaubt. Und sogar jene, die über echtes

Wissen verfügen, müssen sich dessen bewusst sein, dass es nicht Sache der Marxisten ist, sklavische Verehrung des geistigen Aristokratismus Ausgewählter zu verlangen, die über höchstes Spezialwissen verfügen. Und das Gehirn des Lesers mit tausenden auf die Schnelle aus dem Zusammenhang gerissenen, kaum verstandenen, so gut wie nicht miteinander zusammenhängenden und häufig entstellten Zitaten zu verkleistern, das ist schon eine schlechte, antisoziale Sache.

Das spezielle Studium der Philosophie ist eine sehr gute Sache, aber nur dann, wenn es sich auf ernsthaftes wissenschaftliches und praktisches Wissen stützt. Es ist von Nutzen, Auffassungen verschiedener Philosophen der Vergangenheit und Gegenwart zu untersuchen, nur muss man sich dabei jenes Material vorstellen, das sie in ihren philosophischen Auffassungen organisierten. Es ist unsinnig, zu ein und derselben Frage Berkeley, Kant und Mach zu zitieren, ohne in Rechnung zu stellen, dass sich der Inhalt ihrer Begriffe unterscheidet, weil die historischen Umstände unter denen sie lebten, die Summe ihrer Erfahrungen, mit denen sie zu tun hatten, die sozialen Motive, von denen sie sich leiten ließen, jeweils andere waren – ganz zu schweigen davon, dass ein und dieselben Worte und Formeln bei ihnen nicht ein und dasselbe ausdrücken. Alles das zu verstehen, ist für einen Marxisten im Unterschied zu anderen, unerlässlich. Es gibt nichts Ahistorischeres, nichts Antimarxistischeres als eine Zitatensammlung aus unterschiedlichen Schulen und Zeiten, die nicht mit einer ernsthaften sozialen Analyse der zitierten Ideen einhergeht.

Das Buch, mit dem wir uns auseinandersetzten, ist seiner gesamten Diktion, seinem Aufbau nach darauf ausgerichtet, den *Glauben* an die professionelle Gelehrtheit der Spezialisten zu lehren, so wie es lehrt, an Marx zu *glauben*. Der erstere Glauben ist schädlich und lächerlich, der zweite – schädlich und schändlich.

XXIV.

Fassen wir mit Blick auf das philosophische Traktat von Wl. Iljin zusammen.

Wir haben darin eine Unmenge Widersprüche ausgemacht, handelt es sich hierbei um »dialektische«?

Nach Außen gründliche Gelehrtheit – aber tatsächlich abgrundtiefe Unwissenheit.

Fortwährende Beschuldigungen der Gegner, sich »unanständig« zu verhalten, »literarische Attacken« zu führen, und ein sogar für unsere vaterländischen Sitten ungewöhnliches Lexikon von Beschimpfungen.[142]

Die Kennzeichnung aller Opponenten als »philosophische Reaktionäre«, eine ausgeprägte Tendenz zur Stagnation, extremer Hass gegen jegliche »Novitäten«.

Ein schroffer, antireligiöser Ton, die an die Adresse der gegnerischen Seite gerichtete Unterstellung, das »Pfaffentum« anzustreben – und dabei ein tief-religiöses Denken und der Kult des »Absoluten«.

Der letztgenannte Widerspruch ist die Grundlage aller anderen.

Stellen Sie sich einen Menschen vor, der religiös denkt, aber einer Lehre anhängt, die gegenüber jeglichem »Fideismus« feindlich ist.

Dann kreiert er aus seiner Anti-Religiosität zunächst einen Kult, was an und für sich nicht schlecht ist, doch dabei betrachtet er sämtliche Auffassungen, mit denen er nicht einverstanden ist, oder die er nicht versteht, als Ideen einer feindlichen Sekte, als feindliche *Religion*.

So wird seine eigene Religiosität auf seine Gegner projiziert.

Vielleicht, lieber Leser, haben Sie von der Geschichte gehört, als ein Alkoholiker auf die traurigen Vorwürfe seiner Freunde »Hast Du Dich um den Verstand getrunken? Siehst Du schon Gespenster?« stolz erwiderte, »Nein, noch nicht. Aber der da schon (der Kranke zeigte auf den Feldscher). Hab' *mit eigenen Augen gesehen*, wie die Gespenster um ihn herumtanzten.«

Wl. Iljin befindet sich ob seiner »ewigen Wahrheit« ebenfalls nicht im Zustand religiöser Trunkenheit. Er hat jedoch *mit eigenen Augen gesehen*, wie die klerikalen Gespenster um die verschiedenen »Machisten« herumtanzen.

XXV.

Obwohl noch keine fünf Monate seit dem Erscheinen des Buches von Wl. Iljin vergangen sind, treten bereits die ersten seiner Gesinnungsgenossen in Erscheinung, die ihm auch noch blind vertrauen ... Vor mir liegt Lenins offizieller »Brief an die Hörer der marxistischen Schule im

142 Ich kann nur einen winzigen Bruchteil zitieren. Der Leser kann sich selbst ein Bild machen ... Wenn es um eine Kritik an Kants Theorie geht, verunglimpft Wl. Iljin seine Gegner als Purischkewitschs. [Anm. A.B.]
»Wenn ich die Beteuerungen unserer Machisten lese, dass ihre Kritik an Kant viel konsequenter und entschiedener sei als die irgendwelcher veralteter Materialisten, ist mir immer, als habe sich Purischkewitsch in unsere Gesellschaft verirrt und schreie: Meine Kritik an den Kadetten ist viel konsequenter und entschiedener als eure, ihr Herren Marxisten!« ([Wl. Iljin]: Materialismus und Empiriokritizismus, in: LW, Bd. 14, S. 196)

Ausland«.[143] Dieser höchst verdienstvolle Politiker, der der genannten Schule philosophische Ketzerei unterstellt, und in der er die theoretische Grundlage irgendeiner neuen Fraktion sieht – so wie Plechanow in ihr die theoretische Grundlage des Bolschewismus sah – schreibt:

> »Nehmen Sie schließlich das Lehrprogramm der Schule auf Capri. Von den vier Abschnitten ist einer (Abschnitt III) überschrieben ›Die Philosophie des proletarischen Kampfes‹. In der internationalen Sozialdemokratie gibt es Dutzende und Hunderte (wenn nicht Tausende) von Programmen, die sich mit propagandistischem Unterricht ähnlichen Typs befassen. *Nirgends* werden Sie jedoch eine ›Philosophie des proletarischen Kampfes‹ finden. Es gibt den ›philosophischen Materialismus von Marx und Engels‹, nirgends jedoch eine ›Philosophie des proletarischen Kampfes‹. Und keiner der europäischen Sozialdemokraten wird verstehen, was das bedeutet. Verstehen werden das nur diejenigen, die die Werke der Philosophen Stanislaw (A. Wolski), Bogdanow, Lunatscharski und Basarow kennen. Bevor man eine ›Philosophie des proletarischen Kampfes‹ lehrt, muss man eine solche Philosophie erfinden. Und mit der Erfindung dieser *besonderen* Philosophie, die umso häufiger mit dem Wort ›proletarisch‹ herumwirft, je weiter sie sich von der proletarischen Weltanschauung entfernt, befasste und befasst sich allein die erwähnte Gruppe ...«[144]

Kurzum, es gibt auf der Welt keine Philosophie des proletarischen Kampfes, der philosophische Materialismus von Marx und Engels ist es auf keinen Fall, und überhaupt können so etwas nur Leute erfinden, die der proletarischen Weltanschauung fernstehen ... Aber die »proletarische Weltanschauung«, die gibt es doch? Offensichtlich ja. Und sie kann Philosophie einschließen? Und auch das bestreitet der verehrte Politiker nicht. Wird diese Philosophie eine proletarisch-klassenmäßige sein? Eigentlich kann es auch nicht anders sein. Wird sie eine *aktive* sein, d. h. eine Philosophie des Kampfes? Das wird auch keiner der »europäischen« Marxisten bestreiten. Dann handelt es sich aber doch um eine »Philosophie des proletarischen Kampfes«? Und ist das ihrem Wesen nach gerade die Philosophie des *historischen Materia-*

143 Ich zitiere nach dem mir dankenswerterweise zur Verfügung gestellten Exemplar. [Anm. A.B.]
Vgl. W.I. Lenin: Brief an die Schüler der Parteischule auf Capri: die Genossen Julio, Wanja, Saweli, Iwan, Wladimir, Stanislaw und Foma, in: LW, Bd. 15, S. 475–481.

144 Lenin: Brief an die Schüler der Parteischule, S. 481.

lismus von Marx und Engels? N. Lenin ist nicht einverstanden, aber ich befürchte, dass alle »europäischen« Marxisten einverstanden sein werden. Und muss diese Philosophie nicht ausgearbeitet und weiterentwickelt werden? »Und das bedeutet ja gerade, sie zu erfinden«, werden Wl. Iljin und N. Lenin einwenden.

Vielleicht ist das tatsächlich großer Unsinn. Doch was soll man tun? Nicht alle leben in dem Glauben, dass bereits alles geklärt und gesagt ist, dass das menschliche Denken nicht vorwärtsstreben und auf der Suche sein muss.

Wenden wir uns jetzt dem erwähnten »Programm der Schule im Ausland« zu. Unter der allgemeinen Überschrift der dritten Abteilung »Philosophie des proletarischen Kampfes« gibt es eine Reihe Unterüberschriften: »Entwicklung gesellschaftlicher Weltanschauungen«, »Entwicklung von Kunst und Literatur«, »Entwicklung der russischen Literatur im 19. Jahrhundert«, »Sozialistische Kultur«. Sind dies alles Sachen, die nichts mit der proletarischen Weltanschauung zu tun haben? Und die man extra »erfinden« muss?

»Und keiner der europäischen Marxisten versteht, was das bedeutet«, behauptet N. Lenin. Nun stellt sich die Frage, ob Karl Kautsky den europäischen Marxisten zugerechnet werden kann. Wie man aus *seinem* »Brief an die russische Schule im Ausland« ersehen kann, war er, nachdem er das Programm erhalten hatte, keinesfalls über die Philosophie des proletarischen Kampfes verwundert, sondern ganz im Gegenteil, die Sache war für ihn völlig klar, und er erklärte, dass er das Programm im Allgemeinen für vorzüglich hält, und schlug vor, in dieser Abteilung auch »Die Geschichte der sozialen Theorien« zu behandeln.[145] Mit Tatsachen lassen sich die Behauptungen des verehrten russischen Politikers sehr schnell widerlegen!

Lenin schreibt in seinem bereits erwähnten »Brief«:

> »Die gesamte russische Presse hat lange schon darauf hingewiesen, dass Lunatscharski von der Insel Capri aus Propaganda für das Gottbildnertum betreibt. In Russland wurde er von Basarow unterstützt. Gleichartige philosophische Auffassungen vertrat Bogdanow in Dutzenden legalen russischen Büchern und Artikeln sowie in Dutzenden im Ausland gehaltenen Referaten ...«[146]

145 Ich zitiere nach der russischen Übersetzung des Briefes. [Anm. A.B.]
Vgl. Karl Kautsky: O partijnoj škole [Über die Parteischule], Pravda, (20.9.) 3.10.1909.

146 Lenin: Brief an die Schüler der Parteischule, S. 477.

Ein jeder, der den kritischen Artikel von Basarow »Über das Gottsuchertum und das Gottbildnertum« gelesen hat, in dem er gegen beide Richtungen polemisiert, die er zurecht *unterschiedlich* bewertet, und ein jeder, der meine Arbeiten gelesen hat, wird sofort erkennen, wie sehr hier die Wahrheit entstellt wird. Doch N. Lenin hat Wl. Iljin folgend eine Brille aufgesetzt, durch die er systematisch – und leider auch sehr planmäßig – etwas erblickt, was es eigentlich gar nicht gibt.[147]

Wl. Iljins Anhänger brachten es fertig, aus philosophischen Fragen einen völlig unmöglichen politischen Wirrwarr zu konstruieren, wobei sie auf diese zurückgriffen, um die praktischen Widersprüche innerhalb des linken Lagers des russischen Marxismus zuzuspitzen und zu vertiefen. Eine der Sache nicht dienliche und verwerfliche Arbeit! Und was am verwerflichsten ist, eine derartige Einstellung zu philosophischen Fragen versuchen sie, ihren Gegnern anzuhängen, ihnen die Schuld für die Ersetzung philosophischer Meinungsverschiedenheiten durch praktische anzulasten. Dafür gibt es nur ein Verfahren – eine grobe Entstellung der Tatsachen.

N. Lenin schreibt in seinem bereits erwähnten Brief:

> »Im April 1908 habe ich diesen drei Genossen (er nannte zuvor Basarow, Bogdanow und Lunatscharski und ließ, warum ist rätselhaft, Gorki aus – A.B.) »erklärt, dass ich in der Philosophie einen völlig anderen Standpunkt vertrete als sie (damals schlug ich ihnen jedoch vor, gemeinsam die Mittel und Kräfte für die Ausarbeitung einer *bolschewistischen Geschichte der Revolution* einzusetzen, um so ein Gegengewicht zu der menschewistisch-liquidatorischen Geschichte der Revolution zu schaffen, aber die Capreser lehnten meinen Vorschlag ab ...«[148]

Das ist wahrlich eine empörende Unwahrheit, und ich kann in meinem Namen und mit Einverständnis von M. Gorki und den anderen Literaten auch in ihrem Namen erklären, dass der Vorschlag weder

147 Völlig unzulässig ist der Hinweis auf »Dutzende im Ausland gehaltene Referate«, keiner, der nicht bei den Referaten anwesend war, kann dies überprüfen. Und jene, die anwesend waren, könnten N. Lenin zum Beispiel fragen, aus welchen Quellen er solch umfassende Informationen über die Referate schöpft, um sich offiziell auf diese zu berufen. Die Sache ist die, dass er bei keinem anwesend war, sogar nicht bei dem, zu dem er extra eingeladen worden war, nämlich dem zur Kritik an dem hier analysierten Buch von Wl. Iljin. [Anm. A.B.]

148 Ebd.

abgelehnt worden ist noch dass es einen Widerspruch gegeben hat. Hier war man sich völlig einig.

Und als dann der Versuch unternommen wurde, diesen Plan zu verwirklichen, wurde Maxim Gorki zum Vertreter der Redaktion der geplanten Ausgabe berufen, er war es auch, der in Zeitungen um Zusendung von Materialien aufgefordert hatte, da gehörte ich längst zu den Mitarbeitern. Das Vorhaben ist noch nicht umgesetzt, doch es ist nicht unsere Schuld. Keinem von uns kam es in den Sinn, mit Blick auf die philosophischen Meinungsverschiedenheiten eine Kooperation bei dieser wichtigen sozial-geschichtlichen Arbeit abzulehnen.

Wir sind der Auffassung, dass die schwierige Aufgabe der Ausarbeitung der ganzheitlichen proletarischen Weltanschauung nur kollektiv umgesetzt werden kann, und dass der Kampf der theoretischen Richtungen dem Bewusstsein der Einheit der großen praktischen Aufgabe nicht im Wege steht.

Die Geschichte zeigt, dass jegliches System von Ideen – das religiöse, philosophische, juristische, politische – so revolutionär es zum Zeitpunkt seiner Geburt und während des Kampfes um Vorherrschaft auch war, früher oder später zu einer Bremse und einem Hindernis für die weitere Entwicklung, zu einer sozial-reaktionären Kraft wird. Einer solch fatalen Entartung aus dem Wege zu gehen, vermochte nur eine Theorie, die diesen Umstand erkannte, sich über ihn erhob und in der Lage war, die Ursachen hierfür zu benennen. Diese Theorie war der Marxismus.

Der Marxismus hat gezeigt, dass es sich bei jedem System von Ideen um ein organisches, von bestimmten gesellschaftlichen Arbeitsverhältnissen abgeleitetes Resultat handelt, außerhalb derer es jeden lebendigen Sinn verliert und dann entartet. Im Wechsel der gesellschaftlichen Arbeitsverhältnisse liegt die Lösung des Rätsels des Schicksals der Ideologien. In der Epoche der progressiven Entwicklung bestimmter Produktionsverhältnisse ist auch die auf ihnen basierende Ideologie eine fortschrittliche, da sie ihnen dient, zu ihrer Entwicklung beiträgt und sie stabilisiert. Doch wenn deren Entwicklung vollendet ist und neue, vollkommenere Formen auf ihren Platz drängen, wird ebendiese Ideologie, die die alten, niederen Formen stützt, zuerst zu einer konservativen und dann zu einer reaktionären. Indem sie ihre gesellschaftlich-praktische Grundlage überlebt, verwandelt sie sich in »einen Toten, der nach dem Lebenden greift«. Dann ist ihre Zerstörung Voraussetzung der sozialen Entwicklung.

Dieses anerkennend muss der Marxismus, die Ideologie der fortschrittlichen Klasse, zwangsläufig die absolute Bedeutung einer jeden, wie auch immer gearteten System-Idee, darunter auch die eigene, ablehnen. Er richtete die Forderung nach stetiger Entwicklung in Übereinstimmung mit den sich verändernden Lebensverhältnissen des Proletariats an die eigene Adresse. Und der Marxismus schreitet auf diesem Wege voran.

Doch die alte Welt konnte sich nicht damit abfinden, dass in ihrer Mitte etwas Neues entsteht und eine Lehre existiert, die ihr nicht untertan ist, nicht ihrem Gesetz der ideologischen Entartung unterliegt, eine Lehre, bei der ihr es an Kraft mangelt, diese aus einem lebendigen, lichten Organismus in einen bleichen und bösartigen Vampir zu verwandeln. Nach einem langen, erfolglosen Kampf griff die alte Welt zum letzten Mittel: Sie schuf einen seiner Gestalt und seinem Wesen nach dem Gegner ähnelnden Vampir und entsandte diesen in den Kampf gegen das junge Leben. Der Name dieses Gespensts – »absoluter Marxismus«.

Der Vampir macht seine Arbeit. Er dringt in die Reihen der Kämpfer ein, verbeißt sich in jene, die ihn nicht unter seinem Deckmantel erkannt haben, und erreicht ab und zu sein Ziel: Aus ehemals nützlichen Arbeitern werden erbitterte Feinde der notwendigen Entwicklung des proletarischen Denkens.

Unser Vaterland – ein Land der jungen Arbeiterbewegung, einer noch nicht gefestigten Kultur, ein Land des qualvoll-ermüdenden Kampfes – brachte dem Gespenst die Besten zum Opfer, unlängst G. Plechanow, heute Wl. Iljin, ganz zu schweigen von den anderen, weniger bedeutenden Kräften, die seinerzeit für die gemeinsame Sache sehr von Nutzen waren.

Die Genossen, die der Macht des bösen Gespenstes unterlagen, werden wir bemitleiden und versuchen zu heilen, und wenn nötig, mit härtesten Mitteln. Aber mit dem Vampir verfahren wir so, wie man mit allen Vampiren verfahren muss: Kopf ab und den Eichenpfahl ins Herz!

Unserer Klasse und uns steht eine große Arbeit bevor: die Schaffung einer neuen Kultur, für die alles Vergangene und Gegenwärtige nur Material für eine Form ist, die wir vorerst nur erahnen können. Die sich unendlich entwickelnde kollektive Erfahrung in einen unendlich flexiblen Rahmen einzupassen, das ist die Aufgabe dieser Kultur, das harmonische Zusammenwirken des Kollektivs – ihre Waffe! Wir leisten die Vorarbeit, leisten sie inmitten des Kampfes und der Widersprüche, das ist unser historisches Schicksal und wir nehmen es als objektiv-gegeben an. Doch was wir zu leisten vermögen, was in unseren Kräften steht, müssen wir bereits jetzt leisten, in den Grenzen unserer Klasse, müssen mit seiner Kulturarbeit die Arbeitsharmonie herstellen, die unser soziales Ideal ist; und den immanenten Kampf, der diese Arbeit in unserem sich herausbildenden Kollektiv begleitet, müssen wir vom Standpunkt ihrer objektiven Ergebnisse her betrachten – sowohl die unbewusste und spontane und daher noch disharmonische Zusammenarbeit. Auf diesem Wege verstehen wir den Arbeitszusammenhang der Generationen und unser Ideal wird vor uns erstehen, als unüberwindliche Schlussfolgerung aus der Vergangenheit und Gegenwart der gesamten Menschheit.

Wladislaw Hedeler

Bogdanows Antwort auf die »Exkommunikation aus dem Marxismus«

> »Das Buch, mit dem wir uns auseinandersetzten, ist seiner gesamten Diktion, seinem Aufbau nach darauf ausgerichtet, den *Glauben* an die professionelle Gelehrtheit der Spezialisten zu lehren, so wie es lehrt, an Marx zu *glauben*. Der erstere Glauben ist schädlich und lächerlich, der zweite – schädlich und schändlich.« (Alexander Bogdanow)[1]

»Ich glaube, es gab damals in Russland nicht viele Städte, wo ein solcher Kreis marxistischer Kräfte versammelt war«, schrieb Alexander Bogdanows Freund, Kampfgefährte und spätere Volkskommissar für Volksbildung Anatoli Lunatscharski über die Verbannten in Kaluga. »Zudem vereinte uns alle eine originelle Neigung. Wir alle brachten der philosophischen Seite des Marxismus größtes Interesse entgegen [...].«[2] Für Lunatscharski war Bogdanow »der Reifste unter uns, der von sich und seinen Kräften am meisten Überzeugte. [...] Er arbeitete zu jener Zeit intensiv an der Klärung seiner marxistischen Weltanschauung und versuchte, auf dem marxistischen Fundament ein allseitiges wissenschaftliches Gebäude zu errichten.«[3]

Wegen sozialistischer Propaganda 1900 verhaftet und nach einem halben Jahr Gefängnishaft zur Verbannung verurteilt, musste Bogdanow sich zunächst in Kaluga, dann von Februar 1901 an in Wologda ansiedeln. 1904 kehrte Bogdanow nach Petersburg zurück, wirkte als Organisator und Publizist und arbeitete für die Duma-Fraktion der Sozialdemokratischen Arbeiterpartei Russlands (SDAPR). Der Arzt, Philosoph und Politiker gehörte von diesem Zeitpunkt an zum Führungszirkel des bolschewistischen Flügels der russischen Sozialde-

1 Im vorliegenden Buch S. 96.

2 Anatoli Lunatscharski: Erinnerungen an die Revolutionäre Vergangenheit, in: ders.: Schlaglichter. Erlebnisse und Gestalten auf meinem Weg, Berlin 1986, S. 29.

3 Anatoli Lunatscharski: Iwan Skworzow-Stepanow, in: ebd., S. 230.

mokratie. Zuvor war er nach Ablauf der Straffrist von Wologda nach Genf gereist. Hier lernte er Lenin kennen und wurde zum Vertreter der Bolschewiki im ZK der SDAPR gewählt. In dieser Funktion war er von 1905 bis 1907 tätig.

1904 war für ihn nicht nur das Jahr, in dem er Lenin kennenlernte. Auf ihre damals getroffene Übereinkunft, den Streit über philosophische Fragen aus der Parteiarbeit auszuklammern, datierte Bogdanow später den Beginn seiner »systematischen Exkommunikation« aus dem Marxismus: 1904–1906 kam es zu einer Polemik mit Georgi Plechanow, dem führenden Theoretiker des Marxismus und Organisator der sozialdemokratischen Partei Russlands. 1908/09 folgte der berühmte Streit mit Lenin, durch den Bogdanow den Ruf des »Rivalen Lenins« erhielt. 1908 stieg er aus der Redaktion der Zeitung *Proletari* aus. 1909 erfolgte sein Ausschluss aus dem Bolschewistischen Zentrum, 1910 aus dem Zentralkomitee der bolschewistischen Partei. 1937 zog A. Schtscheglow mit der Kampfschrift »Lenins Kampf gegen die bogdanowsche Revision des Marxismus« den (vermeintlich endgültigen) Schlussstrich. Bogdanow wurde zur Unperson erklärt. Positive Erwähnungen in der Literatur gab es nicht mehr. Er sollte aus dem Gedächtnis gestrichen werden.

Der Wissenschaftler Bogdanow als Politiker

Bogdanows Ziel war es zeit seines Lebens, seine Vorstellungen über den Verlauf der sich anbahnenden gesellschaftlichen Umwälzung in Russland, die zunächst in die Revolution 1905 mündete, auf jegliche denkbare Art zu verbreiten. Er hielt populäre Vorträge und verfasste Broschüren ebenso wie theoretische Abhandlungen und – was unter russischen Berufsrevolutionären eher ungewöhnlich war – auch utopische Romane.[4]

Bewaffneter Aufstand und Organisationsfragen waren dabei für den Theoretiker und Praktiker der proletarischen Revolution zwei Seiten einer Medaille. 1905 referierte er auf dem Londoner Parteitag der SDAPR zu diesen Themen. Mit einer »gewissen Verärgerung« regierte Lenin auf die darin vertretene Revolutionsphilosophie, erinnert sich Lunatscharski. Aber Lenin spürte auch, dass die Gruppe, »die sich von der ihm vertrauten plechanowschen Orthodoxie in der Philosophie

4 Vgl. Wladislaw Hedeler: Organisationswissenschaft statt Marxismus. Aleksandr Bogdanovs Vorstellungen von einer Gesellschaft der Zukunft. Philosophische Gespräche, Heft 10, Berlin 2007.

entfernt hatte, zugleich mit beiden Beinen auf einer wirklich unversöhnlichen und bestimmten proletarischen Position in der Politik stand«.[5]

Lenins Weg zum Marxismus führte – anders als der von Bogdanow – über die Soziologie, die politische Ökonomie und Plechanows Philosophie, die allerdings auch im Umfeld von Lenin nicht unumstritten war. Lenin, der seinem Lehrer Plechanow in philosophischen Fragen folgte, schenkte Fragen der Naturwissenschaften kaum Aufmerksamkeit. Bogdanow war diese Schwachstelle bewusst und warf Lenin »eine völlige Unkenntnis der Naturwissenschaft« vor.[6]

Die Ausklammerung naturwissenschaftlicher Erkenntnisse aus der Philosophie führe zur Verengung der Philosophie auf eine Ideologie, so Bogdanow. In seiner Polemik schrieb er: »Wo Glauben ist, muss auch Autorität sein, von der der Glauben ausgeht, eine Autorität, *der* man glauben muss. Das Absolute ist einer der Namen dieser Autorität. Im gegebenen Fall kommt das ›Absolute‹ in Ideen zum Ausdruck, die irgendwann und irgendwo von Marx und Engels geäußert worden sind. Sie sind die Propheten der absoluten Wahrheit.«[7] – Und Lenin verkörpere diesen Autoritarismus in der Partei.

Bogdanows Konflikt mit Lenin

Für Plechanow und Lenin waren der Marxismus und die Dialektik gewissermaßen das letzte Wort der Wissenschaft, eine Haltung die Bogdanow ablehnte. Seit 1904 arbeitete er am »Empiriomonismus«, einem Versuch, den Materialismus-Begriff auf neue Füße zu stellen. 1906 lag der dritte Band des gleichnamigen Buches vor, auf den 1908 Lenins Erwiderung »Materialismus und Empiriokritizismus« folgte. Lenin hatte den dritten Band des »Empiriomonismus« mit zunehmendem Unbehagen gelesen, drei Hefte mit Einwänden und Entgegnungen verfasst und seine Kritik an Bogdanow geschickt. Bogdanow antwortete darauf mit einem Kommentar zum Kommentar.[8] Bis auf den heutigen Tag sind Lenins Hefte nicht veröffentlicht. Sie gelten als verschollen.

5 Anatoli Lunatscharski: Erinnerungen an die revolutionäre Vergangenheit, in: ders.: Schlaglichter, S. 38.

6 Im vorliegenden Buch S. 53.

7 Im vorliegenden Buch S. 29.

8 Valentinov: Moi vstreči s Leninym. [Übers. d. Sacht.: Meine Begegnungen mit Lenin.] Zitiert in: Viktor Nikolaevič Jagodinskij: Aleksandr Aleksandrovič Bogdanov (Malinovskij). 1873–1928. Moskva: Nauka 2006, S. 53.

Nach der Revolution 1905, nach erneuter Verhaftung und Ausweisung für drei Jahre, zog Bogdanow im August 1906 nach Finnland, wo er zusammen mit Lenin und anderen Revolutionären in Grenznähe lebte. 1906 nahm er am 4. Vereinigungsparteitag der SDAPR in Stockholm teil, 1907 bereitete er den 5. Parteitag in London mit vor. Bogdanow arbeitete von 1907, dem Erscheinungsjahr seines utopischen Romans »Der rote Planet«, einer literarischen Quintessenz seiner Vorstellungen von Sozialismus,[9] bis 1909 in der Redaktion des Zentralorgans der SDAPR *Proletari*. In dieser Zeit spitzten sich die Meinungsverschiedenheiten mit Lenin immer weiter zu.

Während Lenin auf Dialog und Kooperation in der Duma, der russischen Legislative setzte, lehnte Bogdanow diese Herangehensweise ab. Er sprach sich für den Boykott der Wahlen zur ersten Duma (April–Juni 1906) aus, die bereits nach 72 Tagen wieder aufgelöst wurde. Gleiches galt für die Wahl der zweiten Duma, die im Januar 1907 gewählt und im Juni 1907 aufgelöst wurde. Dieses Mal nahm die SDAPR anders als 1906 an der Wahl teil. Die Verhaftung von 16 der 66 Abgeordneten der sozialdemokratischen Fraktion trug zur Zuspitzung des parteiinternen Konflikts über das Verhältnis von parlamentarischer und außerparlamentarischer Arbeit bei. Bogdanow und Lenin vertraten erneut konträre Positionen. Bei der Parteikonferenz, die im Juli 1907 in Finnland abgehalten wurde, stimmten acht der neun bolschewistischen Delegierten, angeführt von Bogdanow, dafür, zur Politik eines Boykotts zurückzukehren. Lenin stimmte mit den Menschewiki, den polnischen Sozialdemokraten und den Vertretern des Allgemeinen jüdischen Arbeiterbundes, um den Boykott abzulehnen.

Lenin opferte in dieser Situation sein Bündnis mit Bogdanow zugunsten des Blocks mit den Menschewiki. Bereits zwei Jahre zuvor, im Frühjahr 1905, wollte er Grigori Sinowjew zu Ljubow Akselrod schicken,[10] die sich beide schon vor 1902 kannten, um Plechanow das Angebot zu unterbreiten, ein Bündnis einzugehen.[11] Doch damals zögerte Plechanow noch, weil die Bolschewiki nicht bereit waren, mit

9 A. N. Šuspanov: O žiznennoj strategii Aleksandra Bogdanova: ėvoljucija celi. [Übers. d. Sacht.: Über die Lebensstrategie A. Bogdanows: die Evolution des Ziels.] In: Organizacionnaja dinamika čelovečeskoj dejatel'nosti: ėkonomika, filosofija, kul'tura. Meždunarodnaja naučnaja konferencija k 130-letiju so dnja roždenija A. A. Bogdanova. Moskva: Meždunarodnyj Institut A. Bogdanova 2003, S. 108.

10 G. E. Zinov'ev: Vospominanija. Zametki, nabroski, plany. [Übers. d. Sacht.: Erinnerungen. Notizen, Entwürfe, Pläne.] In: Izvestija CK KPSS, 1989, Nr. 7, S. 168.

11 S. V. Tjutjukin: G. V. Plechanov. Sud'ba russkogo marksista. [Übers. d. Sacht.: G. Plechanow. Das Schicksal eines russischen Marxisten.] Moskva: Rosspėn 1997, S. 217.

Bogdanow und Lunatscharski zu brechen. Als sich die Situation zwei Jahre später erneut zuspitzte, gab Lenin sofort nach. Im Falle eines Entgegenkommens von Plechanow würden sie sich selbstverständlich von Bogdanow trennen. Die Wortführer der Menschewiki, u. a. Plechanow und Akselrod, hatten Bogdanow im Unterschied zu Lenin zu diesem Zeitpunkt längst aus dem Lager der Marxisten verstoßen.

Der Hintergrund waren die von Bogdanow im »Empiriomonismus« entwickelten Thesen. Lenin fasste 1908 seine Kritik an Bogdanow in »Materialismus und Empiriokritizismus« zusammen, die bereits ein Jahr später mit dem Untertitel »Kritische Bemerkungen über eine reaktionäre Philosophie« erschien, und bestand auf dem Ausschluss des »Abweichlers« aus allen Führungsgremien der Bolschewiki, nicht aber aus der Partei.[12]

Bogdanow reagierte prompt. Er stellte die Haltlosigkeit von Lenins »philosophischer Beweisführung« heraus, um die politische Kernaussage hervorzuheben: »Es ist klar, dass Wl. Iljin nicht in der Lage ist, sich die ›Allgemeingültigkeit‹ oder ›soziale Organisiertheit‹ anders vorzustellen als in Form einer Antwort auf Fragen nach Wahrheit und Wirklichkeit durch Abstimmung nach Stimmenmehrheit, obwohl er selbst, auf der vorhergehenden Seite ein Zitat anführt, in dem von der Unsinnigkeit eines derartigen Verfahrens die Rede ist.«[13]

In die philosophische Debatte schaltete sich Plechanow ein. »Man kann nicht Marxist sein und die philosophische Grundlage des Marxismus negieren«, hielt er Bogdanow vor.[14] Lenin begrüßte zwar diese Intervention, wies allerdings Plechanows Kritik an Bogdanow *als Politiker* zu diesem Zeitpunkt noch mit Nachdruck zurück: »Man muss schon physische Kraft haben, um sich nicht von einer Stimmung hinreißen zu lassen, wie Plechanow das tut! Seine Taktik ist der Gipfel der Banalität und Gemeinheit [...] Darf man, soll man die Philosophie verbinden mit einer Richtung der Parteiarbeit? [...] Ich wäre zunächst dafür, solche philosophischen Streitigkeiten wie die zwischen Materialisten und ›Empirio-[15], von der reinen Parteiarbeit zu trennen.«[16]

12 Vgl. hierzu: Dietrich Grille: Lenins Rivale. Bogdanov und seine Philosophie, Köln 1966.

13 Im vorliegenden Buch S. 59–60.

14 Georgi Plechanow: Materialismus militans, in: ders.: Eine Kritik unserer Kritiker. Schriften aus den Jahren 1898 bis 1911, Berlin 1982, S. 299.

15 Lenin meint die Gruppe der Empiriokritiker und Empiriomonisten.

16 W. I. Lenin an Maxim Gorki, 7. Februar 1908, in: W. I. Lenin.: Werk [LW], Berlin 1955ff., Bd. 34, S. 368–371.

Plechanows Kritik an Bogdanow

Die Vorgeschichte dieser sich immer weiter zuspitzenden Konfrontation geht auf die Veröffentlichung des von Bogdanow verfassten Vorwortes zu Ernst Machs »Analyse der Empfindungen« in der *Neuen Zeit* im Februar 1908 zurück, dem theoretischen Organ der deutschen Sozialdemokratie. Lenin, dem die Zeitschrift versperrt blieb, reagierte voller Entrüstung. Ein Jahr später, am 25. Februar 1909, kam im *Proletari* der Gegenschlag. Lew Kamenew griff in seinem Artikel »Ne po doroge« stellvertretend Lunatscharski an und hob hervor, dass ein philosophischer Streit nicht mehr unter Ausklammerung von Fragen, die die Parteiorganisation und den Parteiaufbau betreffen, geführt werden kann.

Bogdanow und seine Anhänger, darunter viele spätere »linke Kommunisten«, hatten ihr organisatorisches Zentrum in den Parteiorganisationen im Moskauer Bezirk Samoskworetschje. »Mich persönlich hat nachts noch nie ein Hausgeist gewürgt«, schrieb Plechanow voller Sarkasmus, »aber bei den wohlbeleibten Kaufmannsfrauen aus Samoskworetschje, die vor dem Schlafengehen gern tüchtig essen, soll das des Öfteren passieren. Für diese ehrbaren Personen ist der Hausgeist genauso objektiv wie die Steine, mit denen die Straßen von Samoskworetschje (leider nicht immer) gepflastert sind.«[17]

Die Empiriokritiker hatten in Moskau sehr viele Anhänger, darunter auch Nikolai Bucharin. Dieser Umstand erklärt Lenins Bestreben, »Materialismus und Empiriokritizismus« unbedingt legal und in einem Moskauer Verlag drucken zu lassen. Wie verbreitet und einflussreich Bogdanows Ideen in dieser Zeit waren, zeigt die Tatsache, dass es Plechanow nicht gelang, die Polemik seines Schüler Abram Deborin gegen die Machisten aus dem Jahr 1907 als Sammelband zu veröffentlichen. Sie konnten erst 1916 in Gestalt des Kapitels »Dialektische Methode und dialektischer Materialismus« in Deborins Buch »Einführung in die Philosophie des Marxismus« erscheinen.[18]

Plechanow war im Unterschied zu Lenin für einen radikalen Abbruch jeglicher Beziehungen zu Bogdanow. »Ich kann Sie aus dem einfachsten und einleuchtenden Grunde nicht anerkennen, da Sie mein Genosse nicht sind«, schrieb er an Bogdanow. »Sie sind

17 Plechanow: Materialismus militans, S. 318.

18 A. Deborin: Vvedenie v filosofiju dialektičeskogo materializma. [Übers. d. Sacht.: Einführung in die Philosophie des dialektischen Materialismus.] S predisloviem G. V. Plechanova. Moskva 1922.

es deshalb nicht, weil Sie und ich zwei diametral entgegengesetzte Weltanschauungen vertreten.«[19] Die in die philosophische Kritik eingebettete Ablehnung von Bogdanows politischer Position ist ein Wesenszug der damals von Lenin und Plechanow publizierten Streitschriften. Es wäre jedoch ein Fehler, die Nuancen in beiden Kritiken zu ignorieren. Plechanow erklärte den Einfluss des Machismus auf die russische Sozialdemokratie und die Übernahme westlicher Ideen und Verhaltensmuster aus der unkritischen Haltung der russischen Sozialdemokraten gegenüber dem Westen. »Das historische Unglück des armseligen russischen Denkens besteht darin, dass es selbst in Zeiten seines höchsten revolutionären Aufschwungs äußerst selten von dem Einfluss der bürgerlichen Ideologie des Westens frei zu machen versteht, von dem Einfluss jener Gedanken, die bei den jetzt im Westen herrschenden gesellschaftlichen Verhältnissen nicht anders als konservativ sein können.«[20]

Lenins Kritik an Bogdanow

Lenin gewichtete seine Polemik anders. »Das Unglück der russischen Machisten, die sich vorgenommen haben, den Machismus mit dem Marxismus zu ›versöhnen‹, besteht gerade darin, dass sie sich auf die reaktionären Philosophieprofessoren verlassen haben und dadurch auf die schiefe Ebene geraten sind«, hob er hervor.[21] Während Plechanows Argumentation darauf fußt, dass es nicht möglich ist, einen »Theoretiker« aus den Grenzen des Marxismus auszuweisen, wenn jener außerhalb dieser Grenzen steht,[22] hoffte Lenin immer noch auf die Rückkehr des Theoretikers zum verkannten Theoriegebäude. In einem Brief an Maxim Gorki schrieb Lenin 1913 voller Bedauern, dass es nicht gelungen war, einen Zugang zu Bogdanow zu finden. »Ich habe seinen ›Ingenieur Manni‹ gelesen. Derselbe Machismus = Idealismus, so versteckt, dass es weder die Arbeiter noch die einfältigen Redakteure in der *Prawda* verstanden haben.«[23]

1909 wurde Bogdanow auf Lenins Drängen zunächst aus der Redaktion des *Proletari*, dann, 1910, wegen »Fraktionstätigkeit« aus

19 Ebd., S. 250.

20 Plechanow: Materialismus militans, S. 267.

21 W. I. Lenin: Materialismus und Empiriokritizismus, in: LW, Bd. 14, S. 346.

22 Plechanow: Materialismus militans, S. 252.

23 Lenin an Gorki, [zwischen dem 15. und 25.] Februar 1913, in: Lenin Briefe, Bd. III, Berlin 1967, S. 165.

dem ZK ausgeschlossen. Es war in der Tat eine paradoxe Situation. Lenin verbündete sich mit dem (politisch gesehen) Menschewik Plechanow, der den Marxismus verteidigte, gegen den ultralinken Bolschewik Bogdanow, der als Theoretiker nach Lenins Auffassung immer mehr zum philosophischen Idealismus tendierte.

Genau genommen haben die Menschewiki um Plechanow jene Einschätzung des theoretischen Werkes von Bogdanow auf den Punkt gebracht, die heute mühselig reaktiviert wird: Bogdanow hat als Philosoph nie marxistischen Boden betreten. Wer es mit dieser These ernst meint, kann und muss Bogdanows Werk ausschließlich im Rahmen des russischen Positivismus untersuchen, meint Maja Soboleva in ihrer Studie über Bogdanow als Theoretiker

Bogdanow als Lehrer

Bogdanow ging den von ihm eingeschlagenen Weg konsequent weiter. Er wirkte als Lehrer in den vom ihm mitbegründeten Parteischulen – zunächst 1909 auf Capri, dann von 1910 bis 1911 in Bologna. Zu den von Bogdanow und Lunatscharski als Referenten eingeladenen Deutschen gehörte neben Karl Kautsky auch Rosa Luxemburg.[24] Ein Ort freien undogmatischen Denkens sollte die Schule sein. Lenin lehnte es ab, hier zu lehren. Von seinem Pariser Exil aus attackierte er die Capri-Bolschwiken als »Abweichler« und gründete in Paris eine eigene Schule

Insgesamt 20 Schüler nahmen an den Kursen in Capri teil. Die praktizierte Form der Wissensvermittlung folgte Bogdanows Vorstellungen, die er unter anderem in seinem »Kurzen Lehrgang der ökonomischen Wissenschaft« und seiner »Tektologie« entwickelt hatte und die im diametralen Gegensatz zum Verständnis von »Partei«-Arbeit standen, wie sie Lenin in »Was tun?« als Hineintragen von Bewusstsein in die Arbeiterklasse beschrieben hat. Bereits in seiner Polemik gegen Lenins »Materialismus und Empiriokritizismus« hatte Bogdanow seine Leser nicht zufällig an Lenins »Was tun?« erinnert: »Der Bolschewik N. Lenin hatte sich seinerzeit im Buch ›Was tun?‹ verplappert, dass die Arbeiterklasse *unfähig* sei, sich selbstständig, ohne die Hilfe der sozialistischen Intelligenz, über den Trade-Unionismus zu

24 Alexander Bogdanow an Rosa Luxemburg, 7. August 1909, in: Neizvestnyj Bogdanov. V 3-ch knigach. Kn. 1. A. A. Bogdanov (Malinovskij). Stat'i, doklady, pis'ma i vospominanija 1901–1928 gg. Moskva 1995, S. 165–166; Rosa Luxemburg an Leo Jogiches, 3. September 1909, in: Rosa Luxemburg: Gesammelte Briefe, Berlin 1982, Bd. 3, S. 74-75.

erheben und zum sozialistischen Ideal zu gelangen. [...] Das hielt die Publizisten im Laufe von drei Jahren nicht davon ab, ihre siegesgewisse Polemik gegen diese Äußerung von Lenin zu richten, mit der er angeblich ein für alle Mal den antiproletarischen Charakter des Bolschewismus bewiesen hätte. Ich erinnere mich dunkel, vielleicht irre ich mich aber auch, dass sie für Lenin ein Denkmal errichten wollten, weil er dem Bolschewismus unter den russischen Arbeitern ›das Grab geschaufelt hat‹ ...«[25]

Für Bogdanow gehören Sozialismus und Organisation der Produktion zusammen, hierauf fußt die Assoziation der Produzenten, ihre bewusste und klassenmäßige Organisation. Bogdanow legte mehr Wert auf die positive Tätigkeit als Lenin, der stärker den destruktiven Kampf der Klasse betonte. Lenin kämpfte gegen den Kapitalismus, Bogdanow für den Sozialismus. Und Lenin wollte nicht auf das Monopol auf die Wahrheit verzichten. Wenn Lenin in Fraktionskämpfe verwickelt war, war er blind, bemerkte Nikolai Bucharin einmal im Zusammenhang mit der Entlarvung des Spitzels Roman Malinowski.

1911 hatte Lenin es geschafft, Bogdanow aus der Partei zu verdrängen. Sein »Rivale« konzentrierte sich von nun an auf die Arbeit an der »Tektologie«, der »allgemeinen Organisationswissenschaft«, deren erster Band 1913 erschien. Im gleichen Jahr kehrte er infolge der Amnestie nach Moskau zurück. Nach dem Oktoberumsturz gründete er zusammen mit Lunatscharski und anderen die Sozialistische Akademie für Gesellschaftswissenschaften und wurde Mitglied der Kommission, die die erste Werkausgabe von Karl Marx und Friedrich Engels besorgte. Ab 1920 arbeitete Bogdanow als Professor für politische Ökonomie. In den Wissenschaften ein gern gesehener Akteur, war Bogdanow politisch nach 1917 eine irrelevante Figur – und starb noch vor Lenin. Unter Stalin diente er im Zuge der Herausbildung des Stalinismus nur noch dazu, als Negativfolie die neue Weltanschauung herauszubilden.

25 Im vorliegenden Buch S. 68.

Maja Soboleva

Zwischen Marx und Mach: Alexander Bogdanows »kritischer Positivismus«

Der Philosoph und Wissenschaftstheoretiker Alexander Bogdanow(-Malinowski) (1873–1928) verfasste seine Hauptwerke zwischen Jahrhundertwende und der Russischen Revolution 1917. Sehr einflussreich in marxistischen Kreisen zu Beginn des 20. Jahrhunderts verlor er seine Autorität in Sowjetrussland: Man sah in ihm nach dem abschließenden, vernichtenden Urteil Lenins einen Revisionisten und Häretiker. Lange Zeit war Bogdanow fast ausschließlich Historikern bekannt, die sich für die bolschewistische Parteigeschichte oder für das von ihm theoretisch begründete Konzept der proletarischen Kultur interessierten. Es schien, als seien die Etiketten »Marxist« und »Bolschewik« Grund genug, bei ihm wenig Neues zu vermuten. Jahrzehnte vergingen bevor sein Opus magnum »Tektologie: Allgemeine Organisationswissenschaft« als ein Pionierwerk der Systemtheorie in der Sowjetunion entdeckt wurde.[1] Aus meiner Sicht ist das theoretisch vielfältige Gesamtwerk Bogdanows in den ideengeschichtlichen Kontext des europäischen Denkens zu Beginn des 20. Jahrhunderts zu verorten. Zu dieser Zeit bildet der »Aufbruch in die Moderne«[2] den Rahmen, in dem sein Werk einzuordnen ist.

Die Moderne um 1900 zeichnete sich durch mannigfaltige Wandlungsprozesse in Wissenschaft, Technik, Philosophie, Religion, Literatur und Kunst aus. Für die geistige Situation in Russland ist für diese außergewöhnliche Periode der Begriff des »silbernen Zeitalters« paradigmatisch geworden. Philosophiegeschichtlich wurde diese kurze Epoche als die »russische religiös-philosophische Renais-

1 Dazu exemplarisch: Michail I. Setrov: Ob obščich ėlementach tektologii A. Bogdanova, kibernetiki i teorii sistem, in: Učenye zapiski kafedry obščestvennych nauk vuzov g. Leningrada. Serija Filosofija 8/1967; Armen L. Tachtadžjan: Tektologija: istorija i problemy, in: Sistemnye issledovanija, Moskva 1971; V. A. Djakov: Ujemov A. I. Predšestvenniki kibernetiki i teorii sistem, in: Priroda, 6/1973.

2 August Nitschke u. a. (Hrsg.): Jahrhundertwende. Der Aufbruch in die Moderne 1880–1930, 2 Bde, Reinbek bei Hamburg 1990.

sance« charakterisiert. Dabei geht verloren, dass denkerische Impulse für den philosophischen Diskurs der Moderne nicht nur von der damaligen Religionsphilosophie ausgegangen sind, sondern auch von einer besonderen Erscheinung – dem russischen Positivismus. Als dessen wichtigsten Vertreter sind vor allem zu nennen Pawel S. Juschkewitsch (1873–1945), Wladimir A. Basarow (1874–1939), Nikolai W. Walentinow (1879–1964), Viktor M. Tschernow (1873–1952), David W. Wiktorow (1874–1918), Jakow A. Berman (1868–1933) und Anatoli W. Lunatscharskij (1875–1933). Im Fokus ihrer Theorien steht die Erkenntnisproblematik, und diese bildet eine originelle Synthese aus Marxismus und anderen philosophischen Richtungen wie Neukantianismus, Empiriokritizismus und Pragmatismus, die traditionell als »subjektivistisch« gelten, wegen der Hervorhebung des nicht abbildenden, konstruktiven Charakters menschlichen Wissens. Im Unterschied zu diversen Widerspiegelungstheorien bildet den Ausgangspunkt dieser Erkenntnistheorien der Begriff der Erfahrung, der auf zusammenhängende technisch-praktische und soziale Strukturen, die für die Produktion vom Wissen notwendig sind, verweist. Die Gebundenheit der Erkenntnis an die intersubjektive Erfahrung, die zwischen Menschen und Welt vermittelt, hat eine bedeutende methodologische Konsequenz, nämlich das Verbot der absoluten Wahrheit und die Anerkennung eines dynamischen und pluralistischen Weltbildes. Jede Theorie erweist sich dann als eine mehr oder weniger adäquate Interpretation der Wirklichkeit, die gerechtfertigt werden muss. Um die Jahrhundertwende haben im Rahmen dieses »marxistischen Positivismus« beispielsweise Pawel Juschkewitsch seinen »Empiriosymbolismus«, Wladimir Basarow seinen »kritischen Positivismus«, Anatoli Lunatscharski seine empiriokritizistische Ästhetik und Religionslehre und Alexander Bogdanow seinen »Empiriomonismus« und seine »Tektologie«, d. h. Ansätze zu einer allgemeinen Wissenschaftslehre, die Natur- und Sozialwissenschaften integrieren, entwickelt. Sie brachten es auf den Begriff, dass Wissenschaft kein Produkt der reinen subjektiven Vernunft, sondern eine soziale Institution ist. Diese Position beinhaltet weitgehende Implikationen, die man heute im Rahmen der sozialen Epistemologie thematisiert. Leider haben diese inhaltsreichen und innovativen Theorien bis heute kaum Aufmerksamkeit gefunden, weil die politischen Überzeugungen und das politisches Engagement der Autoren konstruktive und entwicklungsfähige Elemente ihrer Theorien im

Schatten stehen ließen.[3] Im Folgenden versuche ich die Besonderheiten der Philosophie Bogdanows zu erhellen, indem ich diese in einen breiteren polemischen wissenschaftlich-philosophischen Diskurs einbeziehe.

Die wissenschaftlichen Grundlagen des Empiriomonismus Bogdanows

Die Kennzeichnung »Positivismus« kann m. E. die allgemeine Denkrichtung für die Kontextualisierung des philosophischen Werks Bogdanows angeben. Der russische »Positivismus« lässt sich wesentlich durch zwei Wellen periodisieren: Die *erste Phase* umfasst die zweite Hälfte des 19. Jahrhunderts und ist durch die Aneignung der Werke der Sozialwissenschaftler Auguste Comte (1798–1857) und Herbert Spencer (1820–1903) geprägt. Eine bedeutende Rolle spielte Wladimir Lesewitsch (1837–1905), der die Ideen des »ersten« Positivismus in den Zeitschriften *Otečestvennye zapiski* (*Vaterländische Notizen*), *Vestnik Evropy* (*Europäischer Bote*) und *Russkoe bogatstvo* (*Russischer Reichtum*) zugänglich machte. Die *zweite Welle* beginnt um 1890 und geht auf den Empiriokritizismus, eine Kritik der Erfahrung, von Ernst Mach und Richard Avenarius zurück, der kritisch rezipiert und produktiv weiterentwickelt wurde.[4]

Die theoretischen Bemühungen der Positivisten zeichnen sich im Allgemeinen dadurch aus, dass sie nach Wissenschaftlichkeit streben, während die sogenannte wissenschaftliche Philosophie letztendlich aufgegeben und das Zeitalter der Philosophie mit einer wissenschaftstheoretisch-methodologischen Begründung für beendet erklärt wird. Bei Bogdanow lässt sich dies besonders deutlich beobachten. Er betont in seiner an der gesellschaftlichen Erfahrung

3 Unter den wenigen grundlegenden Monografien dazu sind folgende zu nennen: Daniela Steila: Scienza e rivoluzione, Firenze 1996 (auf Russisch: Nauka i revoljucija. Recepcija ėmpiriokriticizma v russkoj kul'ture (1877–1910), Moskva 2013); Maja Soboleva: A. Bogdanov und der philosophische Diskurs in Russland zu Beginn des 20. Jahrhunderts. Zur Geschichte des russischen Positivismus, Hildesheim 2007; Aleksandr Rybas: Aleksandr Bogdanov: prolegomeny k filosofii ėmpiriomonizma. Veče: Žurnal russkoj filosofii i kul'tury, 20/2009, S. 59–159.

4 Repräsentativ sind folgende »empiriokritizistische« Monografien: Iakov Berman: Dialektika v svete sovremennoj teorii poznanija [Dialektik im Licht der modernen Erkenntnistheorie], Moskva 1908; Nicolai Valentinov: Ernst Mach i machizm [Ernst Mach und Machismus], Moskva 1908 und ders. Filosofskie postroenija marksizma [Philosophische Konstruktionen des Marxismus], Moskva 1908; Josef Petzoldt: Problema mira iz perspektivy pozitivizma [Das Weltproblem aus der Perspektive des Positivismus], St. Petersburg 1908 und Pavel S. Juškevič: Materializm i kritičeskij realizm [Materialismus und der kritische Realismus], St Petersburg 1908.

orientierten Philosophie stark die naturwissenschaftliche Seite des Weltverständnisses und verzichtet letztendlich darauf zugunsten der von ihm entwickelten Wissenschaftstheorie, der »allgemeinen Organisationslehre«.

Drei Wissenschaftler – außer Marx und Engels – spielen für die Entwicklung des philosophischen Diskurses innerhalb der positivistischen Denkrichtung in Russland eine bedeutende Rolle. Das sind Wilhelm Ostwald und die oben bereits erwähnten Ernst Mach und Richard Avenarius. Das Interesse an den Theorien dieser Wissenschaftler ist in erster Linie durch ihre theoretische Bemühung um eine universale Methodologie motiviert, die verschiedene Bereiche wie Natur, Mensch und Gesellschaft miteinander systematisch verbindet. Eine knappe Skizze soll den Einfluss dieser Denker auf Bogdanow illustrieren.

1) Energielehre als Weltmethodologie

Bogdanows Suche nach einer »Weltmethodologie« in seinen philosophischen Büchern[5] kann unter dem Begriff »Energiesmus«, eine allgemeine Energielehre, aufgefasst werden.

»Energie« als ein Kennzeichen der Moderne symbolisiert ein dynamisches Weltbild und gilt Bogdanow zudem als eine neue physische Kategorie für die Einheit der Welt. Beispielsweise vertritt der Chemiker Wilhelm Ostwald (1853–1932) die radikale Auffassung, Energie sei die Primärsubstanz und Materie nur eine ihrer besonderen Erscheinungsformen. Er will diesen Begriff für die Überwindung des alten Dualismus zwischen Kraft und Stoff nutzbar machen und zu einer neuen Einheitslehre, Monismus, gelangen. In einem Brief vom 18. November 1911 an August Forel schreibt er über sein »Weltprojekt« und erklärt: »[...] weil eben jetzt der Begriff der Energie der fruchtbarste und abbauwürdigste ist, so tritt er für die Ausbildung des modernen Monismus so stark in den Vordergrund.«[6] Auf Grundlage seines Energiebegriffs entwickelt Ostwald die philosophische Lehre der »Energetik«, deren zentrale These lautet: »Alles was geschieht,

5 Dazu zählen: Aleksandr Bogdanov: Osnovnye elementy istoričeskogo vzgljada na prirodu [Die Hauptelemente einer historischen Naturbetrachtung], St. Petersburg 1899; ders: Poznanie s istoričeskoj točki zrenija [Erkenntnis aus historischer Perspektive], St. Petersburg 1902; ders: Ėmpiriomonizm [Empiriomonismus], St. Petersburg 1904–1906 und ders: Filosofija živogo opyta [Philosophie der lebendigen Erfahrung], St. Petersburg 1913.

6 Zitiert nach Arnher E. Lenz/Volker Müller (Hrsg.): Wilhelm Ostwald: Monismus und Energie, Neu-Isenburg 2012.

geschieht durch die Energie und an der Energie.«[7] In Werken wie »Energetische Grundlagen der Kulturwissenschaft« (1909) und »Der energetische Imperativ« (1912) wendet er diesen Begriff auf die Ökonomie und die Kulturwissenschaften an und überträgt somit seinen energetischen Ansatz von der Natur auf die Kultur.

Um Energie als einen physikalischen *System*begriff zu entwickeln, greift Bogdanow auf die Energetik von Wilhelm Ostwald zurück. Allerdings versucht er dabei, alle materiellen Voraussetzungen und Implikationen zu vermeiden, mit denen Ostwalds Energiebegriff seiner Ansicht nach belastet ist. In seinem Buch »Empriomonismus« von 1906 schreibt Bogdanow über Ostwald: »Ich bemerkte jedoch bald einen bedeutenden Widerspruch in seiner ›Naturphilosophie‹: Er betonte mehrfach die rein methodologische Bedeutung des Begriffs ›Energie‹, aber er selbst hält ihn in vielen Fällen nicht aufrecht. Die ›Energie‹, die ein reines Symbol für die Beziehungen zwischen den Erfahrungstatsachen ist, verwandelt sich hin und wieder in die Substanz der Erfahrung, in die ›Materie der Welt‹.«[8] Anders als Ostwald wollte er von Anfang an einen *methodischen* Energiesmus entwickeln, der im Unterschied zu den »mechanistischen« oder »substanziellen« Theorien Energie nicht als besondere physische Substanz, welche an Stelle der Materie tritt, sondern lediglich in ihrer Funktion begreift, einen Zusammenhang zwischen verschiedenen Phänomenen herzustellen. Energie ist für ihn nichts anderes als konstante *Relation* zwischen verschiedenen Elementen, die ihre Einheit zum Ausdruck bringt.

Viele Intellektuelle haben damals die Veränderungen in den Wissenschaften als Übergang vom Denken in Substanzen zum Denken in Relationen wahrgenommen. So bezeichnete Pawel Juschkewitsch in seinem Buch »Materialismus und kritischer Realismus« (1908) die allgemeine Tendenz der modernen Wissenschaft als den »ununterbrochenen Prozess des Übergangs von ›Dingen‹ zu ›Relationen‹, von ›Substanzen‹ zu ›Konstanten‹, von ›Gegenständen‹ zu ›Abstraktionen‹«.[9] Diese allgemeine Bestrebung, die Welt funktional zu beschreiben, betraf alle Bereiche. Auch Bogdanows Energielehre darf auf keinen Fall als eine besondere »Weltanschauung«, etwa als »spiritualistischer Materialismus« missverstanden werden, weil die-

7 Wilhelm Ostwald: Die Energie, 2. Aufl., Leipzig 1912, S. 5f.
8 Aleksandr Bogdanov: Ėmpiriomonizm, Moskva 2003, S. 224.
9 Juškevič: Materializm i kritičeskij realizm, S. 130.

ser, wie es Juschkewitsch anmerkt, leicht in den materialistischen Spiritualismus übergehen könne, von dem es nur ein kleiner Schritt bis zum Spiritualismus *tout court* bleibe.[10]

Grundlegend für den *funktionalen* Energiebegriff ist die Vorstellung, dass die Welt nicht die Einheit der Dinge ist, sondern die *Einheit der Prozesse*. Bogdanow stellt der »statischen Sichtweise«, der zufolge die Natur aus einer unendlichen Anzahl von völlig getrennten und unveränderlichen Einheiten bestehe, eine »historische Sichtweise« entgegen. Die Natur sei ein unendlicher Prozess, der selbst aus einer unendlichen Anzahl von miteinander verknüpften Prozessen bestehe.[11] Nur auf dieser Grundlage kann man über die »universale Einheit der Natur« sprechen, und der Begriff »Energie« ermöglicht die gegenseitige Abhängigkeit aller Veränderungen auszudrücken und sie auf ein quantitatives Maß zu bringen. Der Energieerhaltungssatz, demnach Energie nicht verloren geht, sondern immer nur umgewandelt werde, bringe das Prinzip der Einheit der Welt zum Ausdruck und stelle eine besondere *Form der Kausalität* dar.[12]

In seiner Schrift »Erkenntnis aus historischer Perspektive« (1902) führt Bogdanow zum ersten Mal aus, dass Energie ein universeller Ausdruck für Kausalität ist. Das neue, energetische Verständnis von Kausalität bestehe darin, anzuerkennen, dass Ursache und Wirkung wesentlich identisch seien, als zwei Stufen eines kontinuierlichen Prozesses.[13] Den Vorteil der energetisch verstandenen Kausalität sieht Bogdanow darin, dass sich so qualitativ verschiedene Phänomene – physische, chemische, biologische, psychische und soziale – in einen Zusammenhang bringen lassen. Während es bei einer Konzeption von Kausalität, die diese wesentlich als ein substanzielles Phänomen begreift, darum geht, dass die Ursache die Wirkung nach sich *ziehe*, beinhaltet das neue Verständnis der Kausalität, dass die Ursache direkt in die Wirkung *umgewandelt werde*.[14] Mit anderen Worten, das Prinzip der Kausalität ist nicht die qualitative *Verwandlung* einer Materie (eines Dinges in ein anderes), sondern die quantitative *Umwandlung* der Energie. Bogdanow hebt hervor: »Energie ist nicht

10 Pavel Juškevič: Sovremennaja ėnergetika s točki zrenija ėmpiriosimvolizma, in: Očerki po filosofii marksizma, St. Petersburg 1908, S. 162–214, hier: S. 162.

11 Bogdanov: Osnovnye ėlementy istoričeskogo vzgljada na prirodu, S. 18.

12 Ebd., S. 36.

13 Bogdanov: Poznanie s istoričeskoj točki zrenija, S. V.

14 Ebd., S. 4.

Licht, Schall, Wärme usw.; sie ist die quantitative Seite dieser Prozesse, ihre Messbarkeit und Verhältnismäßigkeit.«[15] Der Begriff »Energie« steht demnach für eine Veränderung hinsichtlich der quantitativen Dimension. Die Energiemethode erfordert deshalb, dass ein Phänomen als ein Prozess im Zusammenhang mit anderen Prozessen betrachtet wird, die dann gemessen werden können.

In seiner »Philosophie der lebendigen Erfahrung« (1913) wiederholt Bogdanow, dass das Gesetz der Energieerhaltung mit einem neuen Prinzip der Kausalität einhergeht. Er formuliert nun eine *allgemeine methodologische Regel*: Die Wege der Veränderung der Welt seien die Wege der Umwandlung von Energie.[16] Seine grundsätzliche Neigung, alle modernen wissenschaftlichen Erklärungsmethoden dem Prinzip der Energieerhaltung unterzuordnen, hat Bogdanow nie geändert. Dieses Prinzip hat auch Eingang in seine Organisationslehre gefunden, verlor hier jedoch seine exklusive Bedeutung als das alleinige Einheitsprinzip.

2) Marxistischer »Machismus«

Ernst Machs Philosophie genoss in Russland wie in vielen europäischen Ländern anfangs des 20. Jahrhunderts außerordentliche Popularität. Ein Indiz hierfür ist, dass eine Reihe positivistisch ausgerichteter Positionen als machistische Bewegung in der Philosophie oder »Machismus«[17] bezeichnet wurde. Die Verbreitung Machs Theorie unter russischen Marxisten kann damit erklärt werden, dass man einen naturwissenschaftlich fundierten erkenntnistheoretischen Orientierungsrahmen für soziale und politische Modernisierung der Gesellschaft zu erarbeiten suchte. Auf diesem Weg kam es zu einer Synthese der Theorien von Marx und Mach. Da Bogdanow den Marxismus als »eine naturwissenschaftliche Philosophie des sozialen Lebens«[18] betrachtet und Machs Stärke gerade »in der Anwendung der naturwissenschaftlichen Methode zur Erkenntnis des sozialen

15 Ebd., S. 11.

16 Bogdanov: Filosofija ivogo opyta, S. 222.

17 Vgl. dazu: Georgij Plechanov: Materialismus militans (1908–1910). Otvet gospodinu Bogdanovu, in: Georgij Plechanov: Izbrannye filosofskie proizvedenija, Band 3, Moskva 1957 [dt. Übers.: Materialismus militans. Antwort an Herrn Bogdanow, in: Georgi Plechanow: Eine Kritik unserer Kritiker. Schriften aus den Jahren 1898 bis 1911, hrsg. von Erika Mieth, Berlin 1982]; Vladimir Lenin: Materializm i ėmpiriokriticizm (1909), in: Vladimir Lenin: Polnoe sobranie sočinenij, Band 18, Moskva 1968. [dt. Übers. in W. I. Lenin: Werke, Berlin, 1955ff., Bd. 14.]

18 Aleksandr Bogdanov: Ernst Mach und die Revolution, in: Die Neue Zeit, 20/1908, S. 698.

Lebens«[19] sieht, interpretiert er seine Philosophie als »den Gedanken des historischen Materialismus« nahestehende.[20] Vor diesem Hintergrund schlägt er eine »sozial-genetische«[21] Auslegung der Epistemologie Machs vor.

Bogdanow setzt sich vor allem mit Machs Werken »Die Analyse der Empfindungen« (1886) und »Die Wärmelehre« (1896) auseinander. Der von Mach entwickelte Ansatz nahm die Form einer »physikalisch-psychologischen Monadologie«[22] oder eines funktional organisierten psycho-physischen Monismus an. Demnach enthalten das Physische und das Psychische gemeinsame Elemente, in der Physik die Eigenschaften der Dinge und in der Psychologie die Empfindungen. Daraus resultiert folgende methodologische Regel: »Nicht der Stoff, sondern die Untersuchungsrichtung ist in beiden Gebieten verschieden.«[23] In diesem Fall erscheint »die ganze Welt samt meinem Ich« als »*eine* zusammenhängende Masse von Empfindungen, nur im Ich stärker zusammenhängend«.[24] Die wissenschaftliche Untersuchung besteht dann in der Analyse der funktionalen Abhängigkeit der physischen »Elementenkomplexe« und psychischen »Empfindungskomplexe« voneinander.

Diese Aspekte der empiriokritizistischen Methodologie haben Eingang in Bogdanows Empiriomonismus gefunden. Wie Mach rückt auch Bogdanow den Begriff »Erfahrung« in den Mittelpunkt seiner Analyse. Er geht davon aus, dass moderne Philosophie »die Philosophie der Erfahrung in der Erkenntnis im allgemeinen [ist], nicht aber die Philosophie der einen oder der anderen Wissenschaft«.[25] Er modifiziert jedoch diesen Begriff, indem er kognitive Erfahrung nicht von Eigenschaften des erkennenden Subjekts, sondern von sozialen Arbeitsbedingungen abhängig macht und eine fundamentale Zirkularität zwischen sozialer Praxis und Erkenntnis, ihre gegenseitige Abhängigkeit und wechselseitige Begründung herausstellt. Bogdanow entwirft somit eine soziale Erkenntnistheorie, deren wichtigesten Aspekte »Soziomorphismus«, »soziale Kausalität« und »Subsumption« sind.

19 Ebd., S. 699.

20 Ebd., S. 700.

21 Bogdanov: Ėmpiriomonizm, S. 22.

22 Ernst Mach: Die Analyse der Empfindungen und das Verhältnis des Physischen zum Psychischen [1886], Jena 1922, S. 24.

23 Ebd., S. 14.

24 Ebd., S. 24.

25 Bogdanov: Ernst Mach und die Revolution, S. 698.

Der »Soziomorphismus« unterstreicht die Abhängigkeit der wissenschaftlichen Erkenntnis von der gesellschaftlichen Lebensform. Da alle Erkenntnis auf der sozialen Erfahrung und folglich auf der kollektiven Arbeit aufbaut, muss sie der »Entwicklung der öffentlichen Arbeit folgen und ihr *entsprechen*«.[26] Bogdanow geht davon aus, dass »praktische Methoden den Grund für die Erkenntnis bilden«.[27] Das wirkt sich bis in die konkrete wissenschaftliche Arbeit aus. So spricht Bogdanow in diesem Zusammenhang über die »soziale Praxis« des Messens, der Setzung von Maß-, Rechen- und anderen Größen. Wissenschaftliche Objektivität setzt folglich intersubjektiv geteilte Lebenspraxis voraus. Daher heißt für ihn »physisch« »sozial-organisiert«.

Der Terminus »soziale Kausalität« bringt ebenso zum Ausdruck, dass sich gesellschaftliche Organisationsverhältnisse in der Artikulation ihrer Praxisformen und Erkenntnis widerspiegeln. Dadurch unterscheiden sich die Weltauffassungen der nicht ausdifferenzierten Stammesverbände, der »autoritären Gemeinden« patriarchaler oder feudaler Art, der »individualistischen« (kapitalistischen) prinzipiell von einer sozialistischen Gesellschaft.[28] Dass Erkenntnis immer sozial rückgebunden ist, bringt Bogdanow auf den Begriff, indem er über das »System der Erkenntnis« spricht: »Mit dem ›System der Erkenntnis‹ meine ich nicht irgendein individuell entwickeltes philosophisches oder wissenschaftliches System, sondern das *gesellschaftliche* System der Erkenntnis, d. h. einen Komplex der Begriffe, die in dieser Gesellschaft herrschen.«[29]

Eine Schwäche Machs ist Bogdanow zufolge, dass seine Erkenntnistheorie sich noch immer stark an der Bewusstseinsphilosophie orientiert. Er fällt folgendes Urteil: »Was für den Empiriokritizismus charakteristisch ist, ist die Anerkennung der Gleichwertigkeit ›meiner Erfahrung‹ und der Erfahrung meiner ›Mitmenschen‹, sofern diese für mich aufgrund ihrer ›Aussagen‹ zugänglich ist. Hier gibt es sozusagen einen ›gnoseologischen Demokratismus‹ (obwohl es noch keinen ›Sozial-Demokratismus‹ gibt).«[30] Seine »Methode der allgemeinen Substitution« soll daher eine Korrektur des Empiriokritizismus sein.

26 Aleksandr Bogdanov: Iz psichologii obščestva, Statji 1901–1904 g, St: Petersburg 1904, S. 65.
27 Bogdanov: Ėmpiriomonizm, S. 240.
28 Bogdanov: Filosofija živogo opyta, S. 226–227.
29 Bogdanov: Poznanie s istoričeskoj točki zrenija, S. 156.
30 Bogdanov: Ėmpiriomonizm, S. 226.

Er führt aus: »Mittels der ›Substitution‹ *kommunizieren* verschiedene einzelne Bewusstseine miteinander, dadurch werden *gemeinsame Typen der Organisation von Erfahrung* erarbeitet (Zeit, Raum, Kausalität) und ein Teil kollektiver Erfahrung [...] erlangt diejenige ›soziale Organisiertheit‹, die die *physische Erfahrung* charakterisiert.«[31] Die Substitution ermöglicht intersubjektive Konstitution und Kontinuität der Erfahrung. Dank ihr, d. h. dank der »Interferenz«[32] der Erfahrungen einzelner Subjekte, entsteht ein monistisches Weltbild. Andererseits erklärt diese Methode den soziomorphen und daher historisch-genetischen Charakter des menschlichen Wissens, weil es laut Bogdanow verschiedene historische Formen der symbolischen Substitution, d. h. verschiedene Formen der Organisation der gesellschaftlichen Erfahrung gibt. Er nennt beispielsweise die für Animismus und Pantheismus typische Substitution des Physischen durch das Psychische, für die »naiven« Formen des Materialismus charakteristische Substitution des Psychischen durch das Physische, Substitution des Physischen durch das Physische in »mechanistischen« Naturwissenschaften und Substitution der physischen Prozesse durch ihre formalen symbolischen Darstellungen in moderner Wissenschaft.

In seinem Vorwort zur russischen Ausgabe von Machs »Analyse der Empfindungen«, das auch in der SPD-Zeitschrift *Die Neue Zeit* veröffentlicht wurde, schätzt Bogdanow die philosophische und wissenschaftliche Tätigkeit Machs hoch ein: »Die Philosophie von Mach ist ein Ausdruck der am meisten fortgeschrittenen Tendenzen in einem der zwei grundlegenden Gebiete der wissenschaftlichen Erkenntnis – im Gebiet der Naturwissenschaften.«[33] Da es möglich ist, diese Theorie für gesellschaftliche Aufklärung und letztendlich für die Veränderung der Welt zu benutzen, ist sie »gerade auch direkt sub specie revolutionis [unter diesem Gesichtspunkt revolutionär]«.[34] Bogdanow erkennt an, dass er aus dem Empiriokritizismus viel für seine Weltanschauung übernehmen konnte,[35] er behauptet aber, dass diese Theorie nur eine der Quellen für seine theoretische Entwicklung darstelle.[36]

31 Ebd., S. 337.
32 Ebd., S. 87, 107, 338.
33 Bogdanov: Ernst Mach und die Revolution, S. 697.
34 Ebd., S. 696.
35 Bogdanov: Ėmpiriomonizm, S. 226.
36 Ebd., S. 226–227.

3) Systemdenken

In der »Erkenntnis aus historischer Perspektive« (1902) greift Bogdanow zum ersten Mal auf den Empiriokritizismus von Richard Avenarius zurück,[37] um seine eigene Theorie der psychischen Selektion zu untermauern. Er übernimmt dessen These, dass das Individuum ein »System« repräsentiere, welches beständig einem Erhaltungsmaximum seiner Kräfte zustrebe, indem es die »Vitaldifferenzen«, die Differenzen zwischen Input (Ernährung) und Output (Arbeit), mindere und aufhebe. »Vitaldifferenz« ergebe sich laut Avenarius durch die Entfernung vom Maximum der Erhaltung, von der »Systemruhe«. Diese Ansicht, die Bogdanow als eine Theorie der Homöostase interpretiert, also einen Gleichgewichtszustand eines offenen dynamischen Systems, ruft seine Kritik hervor. Er bestreitet nicht, dass das größte Gleichgewicht die größte Anpassungsfähigkeit des Systems ermöglicht; dieses Modell kann aber aus seiner Sicht keine Entwicklung erklären.

Bogdanow übernimmt gleichwohl diese Konzeption und modernisiert sie, indem er die positive und die negative »Vitaldifferenz« einführt. Demnach schwächt nicht jede Art von Lebensdifferenzierung die Lebenserhaltung, wie dies bei Avenarius der Fall ist, im Gegenteil steigere die positive »Vitaldifferenz« die Lebenserhaltung des Systems. Die negative führe zu ihrer Verringerung. Die Periode der positiven Vitaldifferenz sei eine Periode des Wachstums und der Entwicklung des Systems, während die negative Vitaldifferenz eine schrumpfende Periode indiziere.[38] Der gesamte komplexe Prozess, in dem Anpassungsformen entstehen und sich vervielfältigen, die die Selbsterhaltung des Systems fördern, wird von Bogdanow als *Entwicklung* bezeichnet. Diese ist mit der Akkumulation von Energie im Organismus verbunden. Dieses Argument ist für ihn deshalb wichtig, weil das Gleichgewicht ein »statisches«, die Entwicklung im Gegenteil ein »historisches« Ideal sei.[39] Am Letzteren orientiert er sich als Marxist. Im Weiteren verallgemeinert Bogdanow diesen Algorithmus und erklärt derart *alle* Entwicklungsprozesse von unorganischen, organischen, idealen (Wissen) oder sozialen Systemen (die er »Komplexe« nennt).

37 Richard Avenarius hat seine Theorie vor allem in den Schriften »Philosophie als Denken der Welt gemäß dem Prinzip des kleinsten Kraftmaßes« (Leipzig 1877) und »Kritik der reinen Erfahrung« (Leipzig 1890) entwickelt.

38 Bogdanov: Poznanie s istoričeskoj točki zrenija, S. 19–22.

39 Ebd., S. 22.

Diese sehr knappe Skizze zeigt den philosophisch-wissenschaftlichen Kontext auf, in dem Bogdanow seine empiriomonistische Philosophie entwickelt hat und der sowohl für den russischen »kritischen Positivismus« als auch für philosophische Entwicklung weltweit prägend war. Sie gibt auch einen Überblick über die wichtigsten Innovationen Bogdanows auf dem Bereich der Philosophie, die den philosophischen Neuorientierungen, die sich in Westeuropa und den USA zu dieser Zeit vollziehen, entsprechen. Seine Theorie basiert auf den Ergebnissen der zeitgenössischen Wissenschaft, die laut Bogdanow die »wissenschaftlich-technische Revolution« in der Gesellschaft hervorgerufen hat.[40] Sein Empiriomonismus fasst Naturwissenschaften, Evolutionslehre und Marxismus in der Triade der Kausalgesetze zusammen: Energieverwandlung ist das Prinzip der allgemeinen Verbindung aller Komplexe, natürliche Selektion, ergänzt durch Elemente der Systemtheorie, ist das Prinzip der Entwicklung von Komplexen und kollektive Arbeit ist die Grundlage der historischen Erkenntnisformen sowie der gesamten kollektiven, »organisierenden« Praxis. Somit sind die Grundsteine für Bogdanows allgemeine Organisationswissenschaft gelegt, durch welche er seine Philosophie später ersetzt hat.[41]

»Idealismus militans«[42]

Der philosophische Diskurs um 1900 ist von heftigen Debatten durchzogen, geprägt von Vertretern verschiedener Philosophierichtungen. Die Anhänger des »kritischen Positivismus« werden einerseits von den Vertretern des idealistischen Lagers und zugleich von denen des sogenannten orthodoxen Marxismus angegriffen. Die Polemik zwischen den »Idealisten« und »Positivisten« findet ihren Niederschlag in diversen Sammelbänden wie »Problemy idealizma« (»Probleme des Idealismus«) (1902) und »Vechi« (»Wegzeichen«) (1909) von der idealistischen Seite und »Očerki realističeskogo mirovozzrenija«

40 Aleksandr Bogdanov: Prikljućenija odnoj filosofskoj školy, St. Petersburg 1908. S. 66.

41 Mehr über die Quellen der Theorie Bogdanovs siehe z. B. Stefan Plaggenborg/Maja Soboleva (Hrsg.): Alexander Bogdanov. Theoretiker für das 20. Jahrhundert, München 2009.

42 Der Terminus stammt von Vladimir Bazarov, der schreibt: »Der heutige ›kämpferische‹ Idealismus ist praktisch gerade als der ›kämpferische‹ als *idealismus militans* von Interesse, der seine Berufung in der Herstellung einer lebendigen, konkreten Beziehung zwischen den vergessenen Worten der Metaphysiker und dem aktuellen gesellschaftspolitischen Tagesgespräch sieht«. Vladimir Bazarov: Sud'by russkogo »idealizma« za poslednee desjatiletie (ot »kritičeskogo marksizma« k »Vecham«), in: Vladimir Bazarov: Iz istorii novejšej literatury, St. Petersburg/Moskva 1910, S. 152.

(»Essays zur realistischen Weltanschauung«) (1904) und »Očerki po filosofii kollektivizma« (»Essays zur Philosophie des Kollektivismus«) (1909) von der positivistischen Seite.

An dem von dem Rechtswissenschaftler Pawel Nowgorodzew herausgegebenen Sammelband »Probleme des Idealismus« beteiligen sich u. a. der Soziologe Bogdan Kistjakowski, der Historiker Alexander Lappo-Danilewski, die Philosophen Sergej Bulgakow, Nikolai Berdjajew und Semjon Frank. Sie kritisieren die Universalisierung des soziologischen Standpunkts des Positivismus und seine Unfähigkeit, moralische Probleme zu formulieren und zu lösen. Insgesamt boten die zwölf Autoren des Bandes »Probleme des Idealismus«, die »zwölf Apostel«[43] der neuen idealistischen Bewegung, den metaphysisch-religiösen Individualismus an als eine Basis für die Lösung aller gesellschaftlichen Probleme – ethischer, erkenntnistheoretischer, kultureller und politischer. Iwanow-Rasumnik stellt zu Recht heraus, dass hier »die alten Ideale einen neuen Stützpunkt bekamen, eine etwas andere Form erhielten und ihren Schwerpunkt änderten«.[44]

Als »systematische Antwort auf den Sammelband der entgegengesetzten Gruppe«, gegen die »Berdjajew-Bulgakowsche Richtung«[45], gibt Bogdanow mit seinen Anhängern (Sergej Suworow, Wladimir Basarov, Anatoli W. Lunatscharskij u. a.) den Sammelband »Essays zur realistischen Weltanschauung« heraus, der ein breites Problemspektrum abdeckt: Erkenntnistheorie, Ethik und Ästhetik bis zur Agrarfrage und Literaturwissenschaften. Hier formulieren Bogdanow und seine Anhänger die grundlegenden Prinzipien ihrer Weltanschauung, das Prinzip des »theoretischen Realismus« und des »praktischen Idealismus«.[46] Das erste Prinzip kritisiert den ontologischen Dualismus von Geist und Materie. Dem entgegen wird von einem monistischen, sozial-praktischen Empirismus als erkenntnistheoretisches und ontologisches Fundament ausgegangen. Das zweite Prinzip impliziert den Glauben an die Entstehung einer neuen sozialen Kraft, dem Proletariat, das ein Interesse an der rationalen Reorganisation der Gesellschaft hat und die gesellschaftliche Transformation vom Kapitalismus zum Sozialismus ermöglicht. Die Autoren des Sammelbandes versuchten, die Geltung menschlichen Wissens und die

43 Ivanov-Razumnik: Istorija russkoj obščestvennoj mysli, Band 3, Moskva. 1997, S. 193.

44 Ebd., S. 190.

45 Anatolij Vladimirovič Lunačarskij: Sobranie sočinenij, Band 7, Moskva. 1967, S. 621.

46 Očerki realističeskogo mirovozzrenija, S. VI.

Richtigkeit menschlichen Handelns auf metaphysikfreiem Boden zu begründen, indem sie dem Apriorismus des Transzendenten und des Transzendentalen den praktischen, konstruktiven Apriorismus der historischen Lebensordnungen realer Menschen entgegengesetzten und die abstrakten spekulativen Schemata der neuen russischen Idealisten durch wissenschaftlich und praktisch verifizierbare Modelle ersetzten. Pawel Juschkewitsch bezeichnet deshalb die Position des kritischen Positivismus als die »Weltanschauung des Erwachsenen«, die mit der »Defetischisierung« und »Demystifizierung« des gesellschaftlichen Lebens verbunden ist.[47]

Die gescheiterte Revolution 1905 und der verlorene Russisch-Japanische Krieg veränderten die gesellschaftliche und intellektuelle Atmosphäre in Russland. Juschkewitsch beschreibt diese Entwicklung wie folgt: »Die ideologische Achse wird in letzter Zeit deutlich nach ›rechts‹ verschoben. In der Philosophie, Geschichte, Biologie, exakten Naturwissenschaft, überall wachsen und verstärken sich wieder idealistische und theologische Konzeptionen. [...] Zurzeit kommt eine ungeheure idealistische Welle auf uns zu. [...] Überall macht sich eine beispiellose Zuspitzung des Interesses an religiösen Fragen bemerkbar, die die vorige gleichgültige oder negative Einstellung zu ihnen abgewechselt hat. [...] Mystik ist in einem gewissen Sinne zur universalen Kategorie des modernen Bewusstseins geworden.«[48] Die »regressive Evolution«[49] des russischen Idealismus lässt sich an den Zeitschriften *Novyj put'* (*Der neue Weg*) (1903–1904), *Voprosy žizni* (*Fragen des Lebens*) (1905), *Vesy* (*Waage*) (1904–1909) und *Pereval* (*Gebirgspass*) (1906–1907) verfolgen; ihren Höhepunkt stellt der Sammelband »Vechi« (»Wegzeichen«) (1909) dar.

Die »Wegzeichen«-Autoren setzen die heftige Kritik am Positivismus fort, zum Teil deshalb, weil sie die positivistisch gesinnte Intelligenz für die Niederlage der Revolution von 1905 und die nachfolgende gesellschaftliche Krise verantwortlich machen. So sei der Positivismus auf der »katholischen Psychologie« begründet und deshalb feindlich »gegenüber idealistischen und religiös-mystischen Strömungen« und ignoriere die »originellen und schöpferischen

47 Pavel Juškevič: Novye vejanija, St. Petersburg 1910, S. 209.

48 Ebd., S. 1.

49 Der Terminus stammt von Ivanov-Razumnik: Istorija russkoj obščestvennoj mysli, S. 200.

Talente« der russischen Philosophie.[50] Außerdem begründe er theoretisch die »mechanisch-rationalistische Theorie des Glücks« und rechtfertige den »revolutionären Sozialismus«.[51] Ausgehend davon, dass »der normale Mensch, d. h. einer mit ganzheitlicher Seele, nur religiös sein kann, schon wegen der Natur der menschlichen Seele selbst«,[52] setzten die Idealisten dem utilitaristisch verstandenen kollektiven Wohlstand »einen schöpferischen, die Kultur aufbauenden *religiösen Humanismus*«[53] entgegen. Dass die Idealisten auf vertraute ethisch-religiöse Muster zurückgriffen, bringt Basarow zu der Aussage, dass sich »Wegzeichen« durch »Knappheit an positivem Inhalt« auszeichne, welche die »*objektive* Kraftlosigkeit religiös-nationalistischen Bewusstseins angesichts der modernen Wirklichkeit« illustriere und nichts anderes sei als die »Predigt des religiösen Imperialismus«.[54] Für ihn ist dieser Sammelband »das ›slawophile Tribunal‹ der Weltkultur«.[55]

Dem Trend der Idealisten »vom Sozialismus zum Individualismus«[56] stellte der kritische Positivismus konsequent »Kollektivismus« gegenüber, was deutlich die Zeitungen *Obrazovanie* (*Bildung*) und *Pravda* (*Wahrheit*) (1905–1909) sowie der Aufsatzband »Očerki po filosofii kollektivizma« (»Essays zur Philosophie des Kollektivismus«) illustrieren. Die Herausgeber dieses Sammelbandes definieren Kollektivismus als die »Philosophie der Arbeit und Vereinigung, Theorie der sozialen Aktivität und aktiven Sozialität«.[57] Ihren sozialen Optimismus, die Hoffnung auf den Sozialismus, verbinden die Positivisten mit der Entstehung des Proletariats, das Träger kollektivistischer und rationalistischer Ideologie sei. So drückt Maxim Gorki die allgemeine Meinung aus, wenn er schreibt, dass die organisierte Arbeiterklasse »sich den Kampf und den Sieg zum Ziel setzt; sie ist innerlich durch die Einheit der Erfahrung konsolidiert, die allmählich und immer

50 Nikolaj Berdjaev: Die Wahrheit der Philosophie und die Wahrheit der Intelligencija, in: Karl Schlögel (Hrsg.): Věchi – Wegzeichen, Frankfurt a. M. 1990, S. 58; vgl. Sergej Bulgakov: Heroentum und geistiger Kampf, in: ebd., S. 129–131; Michail Geršenzon: Schöpferische Selbsterkenntnis, in: ebd., S. 155.

51 Semen Frank: Die Ethik des Nihilismus, in: ebd., S. 294.

52 Geršenzon: Schöpferische Selbsterkenntnis, S. 150.

53 Frank: Die Ethik des Nihilismus, S. 320.

54 Bazarov: Sud'by russkogo »idealizma«, S. 186–187.

55 Vladimir Bazarov: Na puti k socializmu, Charkov 1919, S. 66.

56 Der Ausdruck stammt von Ivanov-Razumnik: Istorija russkoj obščestvennoj mysli, S. 200. Wie bekannt, standen Berdjaev, Bulgakov und Struve ursprünglich unter dem Einfluss des Marxismus.

57 Ot redakcii: Očerki filosofii kollektivizma, St. Petersburg 1909, S. 6.

deutlicher von ihr als die große, monistische Idee des Sozialismus anerkannt wird«.[58]

Aus einer vergleichenden Perspektive lassen sich »Wegzeichen« und »Essays zur Philosophie des Kollektivismus« als Ausdruck zweier gegensätzlicher Denkweisen bezeichnen, die für die Lösung der sozialen Probleme in Russland völlig verschiedene Wege begehen. Gorki bemerkt, dass bereits »die achtziger Jahre drei Linien andeuteten, auf welchen ein Intelligent zur Selbstbestimmung strebte: das Volk, kulturträgerische Tätigkeit und individuelle Vervollkommnung«.[59] Haben die Idealisten »die individuelle Vervollkommnung« gewählt, setzten die Marxisten-Empiriker auf »das Volk«, genauer, auf das Proletariat. Dies erlaubte ihnen die »rastlose Schwermut«[60] eines Individuums durch »das Pathos des Schaffens«,[61] das in der bogdanowschen Idee der proletarischen Kultur kulminiert, zu überwinden.[62]

»Materialismus militans«[63]

Die sich um Plechanow gebildete Gruppe seiner Schüler und Anhänger wie Ljubow Axelrod und Abram Deborin verteidigt den »orthodoxen« Marxismus gegen die von den kritischen Positivisten durchgeführten Modifikationen dieser Theorie. Drei philosophische Fragen stehen dabei im Zentrum der philosophischen Debatte, nämlich die nach dem Begriff der Erfahrung, der Existenz der »Dinge an sich« und der absoluten Wahrheiten. Nach Bogdanows Einschätzung sind diese Fragen von außerordentlicher Wichtigkeit, weil sie die kollektive »Weltanschauung« prägen.[64] Sie sind daher nicht nur für die theoretische Haltung, sondern auch für die praktische, einschließlich der politischen Tätigkeit relevant.

Plechanows Programm kann wie folgt zusammengefasst werden: »Nicht Mach, nicht Avenarius, nicht Windelband, nicht Wundt, nicht einmal Kant sollten uns ins Heiligtum der philosophischen Wahrheit

58 Maksim Gor'kij: Razrušenie ličnosti, in: Očerki filosofii kollektivizma, S. 368.

59 Ebd., S. 378.

60 Der Ausdruck stammt von Gor'kij: Razrušenie ličnosti, S. 364.

61 Vladimir Bazarov: Material kollektivnogo opyta i organizujuščie ego formy, in: Očerki filosofii kollektivizma, S. 217.

62 Ein der Ergebnisse der Polemik gegen den Idealisten ist die Organisation der Parteischulen für Sozialdemokraten auf Capri und in Bologna (1909–1910) mit dem Zweck der Bildung der proletarischen Elite.

63 Siehe Plechanovs Arbeit »Materialismus militans« (1908).

64 Aleksandr Bogdanov: Padenie velikogo fetišizma. Vera i nauka, Moskva 1910, S. 163.

führen, sondern Engels, Marx, Feuerbach und Hegel.«[65] Den Vertretern des kritischen Positivismus wirft er einen »radikalen subjektiven Idealismus« vor.[66] Sein Schüler Deborin reduziert den »machistischen« Begriff »Erfahrung« auf die »Weltanschauung ohne Welt« und interpretiert alle aus dem Empiriokritizismus entstandenen Richtungen als rein idealistische.[67] Bogdanows Bestimmung der physischen Welt als die »sozial-koordinierte, sozial-harmonisierte, kurzum *sozial-organisierte Erfahrung*«[68] wird von den orthodoxen Marxisten für radikalen Solipsismus gehalten. Der Grund dafür ist ihre naive Überzeugung, dass nicht der Mensch das Bild der physischen Welt, der Natur, bestimme, vielmehr erscheine uns die Natur so, wie sie an sich sei. Die Auffassung, dass die Natur uns als unsere Vorstellung von ihr zugänglich ist, wird so interpretiert, als ob diese Vorstellung von dem Vorgestellten getrennt werden kann, was Bogdanows Ansichten allerdings völlig widerspricht. Axelrod, die ihren ersten kritischen Aufsatz gegen Bogdanow »Die neue Variante des Revisionismus« bereits 1904 veröffentlicht,[69] geht weiter und argumentiert beispielsweise, dass »die vollständige Verneinung der Existenz des Objekts mit eiserner Notwendigkeit auch zur vollständigen Verneinung der Existenz des Subjekts führt«.[70] Daraus schlussfolgert sie, dass der Solipsismus das notwendige Resultat des ontologischen und epistemologischen Phänomenalismus, den sie Bogdanow zuschreibt, sei. Als »Phänomenalismus« bezeichnet sie Bogdanows Überzeugung, dass unsere Erfahrung einen konstruktiven Charakter hat und wesentlich von den Formen der gesellschaftlichen Arbeit abhängt. Ihrer Auffassung nach »kann die Anerkennung einer objektiven Regelmäßigkeit in der Geschichte nicht mit der Leugnung der Realität der Natur und der objektiven Gesetzmäßigkeit im Allgemeinen einhergehen; kurz gesagt, ›Machismus‹ ist das direkte Gegenteil des Marxismus«.[71] Hier identifiziert sie Bogdanows Theorie mit der von Mach und übersieht dabei, dass

65 Georgij Valentinovič Plechanov: Ob izučenii filosofii, in: ders.: Izbrannye filosofskie sočinenija, Band 3, Moskva 1957, S. 484.

66 Georgij Valentinovič Plechanov: Truslivyj idealizm, in: ders.: Izbrannye filosofskie sočinenija, Band 3, Moskva 1957, S. 456.

67 Abram Moiseevič Deborin: Vvedenie v filosofiju dialektičeskogo materialisma [1915], 2-e izdanie, Moskva 1922, S. 359. Aus dem Vorwort zur zweiten Auflage dieses Buchs erfahrt man, dass es bereits 1907 geschrieben wurde.

68 Bogdanov: Ėmpiriomonizm, S. 21.

69 Ljubov Aksel'rod: Novaja raznovidnost' revizionizma, in: Iskra, 77/1904.

70 Ljubov Aksel'rod: Filosofskie očerki, St. Petersburg 1906, S. 85.

71 Ebd., S. C. VIII.

beide Autoren einen psycho-physischen Monismus behaupten mit dem Unterschied, dass Bogdanow eine sozial-genetische Weiterentwicklung dieses Konzepts bereitstellt.

Gerade dieser mechanizistisch-materielle Purismus der orthodoxen Marxisten, der letztendlich zur Dogmatisierung der Theorien von Marx und Engels führte, ist in den Fokus der scharfen Kritik der Marxisten-Positivisten geraten. So formuliert Jakow Berman deren gemeinsame Position, wenn er behauptet, dass »Machismus nicht nur in keinem Widerspruch zu den Grundprinzipien der philosophischen Lehre, die Herr Beltow [der Parteiname von Plechanow – M. S.] hartnäckig und gegen jede Selbstverständlichkeit immer weiter den Materialismus von Marx-Engels nennt, sondern im Gegenteil mit ihr in Einklang, solange es die Haupttendenzen betrifft, steht«.[72] Indem er das behauptet, verteidigt er Machs Auffassung, dass die Wirklichkeit subjektabhängig sei und einen historischen Charakter habe.

Die von den orthodoxen Marxisten vorgeschlagene Interpretation der Materie als eine Art vom unerkennbaren »Ding an sich« – Plechanows »Hieroglyphen« oder Lenins »Material der Empfindung« – betrachten die kritischen Marxisten als Verzicht auf das Grundpostulat des Marxismus, demzufolge menschliche Aktivität den Ausgangspunkt aller weltkonstituierenden Praxis bildet. Beispielsweise charakterisiert Juschkewitsch Plechanows »Ding an sich« als »echtes instabilis terra, innabilis unda«, als »schwankender Boden, zum Beschwimmen nicht geeignetes Wasser«.[73] Basarow wirft den »Orthodoxen« vor, dass sie »ihre Systeme auf demselben Boden wie die Idealisten gründen, von denselben Fetischen ausgehen« und bezeichnet ihre Ansichten als »materialistischen oder unbewussten Mystizismus«.[74] Aus seiner Sicht ist das plechanowsche Ding an sich »ein eklektischer Kompromiss zwischen der ›Materie‹ von Engels und der transzendenten ›intelligiblen‹ Wirklichkeit von Kant. Die Weltanschauung von G. W. Plechanow kann [...] als der vom Kantianismus sophistizierte Marxismus charakterisiert werden«.[75] Wenn man aber im Rahmen des Marxismus bleiben will, der vornehmlich eine Theorie der rationalen, wissenschaftlich fundieren und zweckmäßigen Weltveränderung darstellt, muss man die These anerkennen, dass

72 Jakov Aleksandrovič Berman: Marksizm ili machizm, in: Obrazovanie 11/1906, S. 50.
73 Juškevič: Sovremennaja ėnergetika s točki zrenija empiriosimvolizma, S. 18.
74 Viktor Bazarov: Misticizm i realizm našego vremeni, in: Očerki po filosofii marksizma, S. 3.
75 Ebd., S. 71.

nicht der Mensch ein Objekt der Wirkung der Materie, sondern umgekehrt die Materie das Resultat menschlicher erkennender Tätigkeit ist. Sonst hätte man nur eine rein äußerliche, »mechanistische Verbindung der Dialektik mit der sozialen Theorie von Marx«,[76] was der Logik der marxistischen Theorie widerspreche.

Die Anerkennung der »Dinge an sich« ruft logischerweise die Anerkennung der »ewigen Wahrheiten« hervor. Bogdanow erklärt: »Wenn Materie die absolute und undefinierbare Grundlage jeder Erfahrung ist, dann liegt selbstverständlich die Idee von ›Materie‹ außerhalb jeder Dialektik, sie stellt eine unbedingte und ewige Wahrheit dar. Aus diesem Grund wird auch die Existenz anderer absoluter Wahrheiten zugelassen, zu denen die historische Lehre von Marx, einige seiner ökonomischen Theorien etc. gezählt werden.«[77] Da aber Erkenntnis prinzipiell immer soziale Erkenntnis sei, sei sie notwendigerweise unabgeschlossen und relativ. Die Objektivität der Erkenntnis werde vielmehr im Prozess der »kooperativen Arbeit und Kommunikation« sichergestellt, deshalb »hat die Objektivität der Erfahrung nicht eine absolute, sondern eine sozial-praktische Bedeutung«.[78] Die Wahrheit, so Bogdanow, sei »kein mehr oder weniger Porträt der Wirklichkeit«, sondern die »Maschine, mit deren Hilfe man die Wirklichkeit schneidet, zuschneidet und näht«.[79] Das einzige Kriterium der Wahrheit sei die gesellschaftliche Praxis, wobei gilt: »Die Grenze der erfolgreichen Arbeitserfahrung ist immer zugleich auch die Grenze der erfolgreichen Erkenntnis.«[80] Im Sinne neuer wissenschaftlichen Tendenzen fasst auch Juschkewitsch die Wirklichkeit als ein »infinites symbolisches System«[81] auf, deshalb »gibt es keine reinen Fakten, nichts absolut Gegebenes: Das ist eine Abstraktion, genauso wie die gegenteilige Abstraktion der reinen Symbole, des absolut Geschaffenen. Es gibt nur Empiriosymbole verschiedener Art und verschiedenen Grades der Symbolisierung.«[82] Seine Empiriosymbole sind die Mittel der Repräsentation der sozialen Erkenntnis.

Die Diskussion zwischen den »kritischen« und »orthodoxen« Marxisten erreicht in den Jahren 1908 bis 1910 ihren Höhepunkt. Im Jahr

76 Bogdanov: Filosofija živogo opyta, S. 221, vgl. ebd., S. 215.
77 Ebd, S. 216.
78 Bogdanov: Empiriomonizm, S. 219.
79 N. Werner [Bogdanov]: Nauka i filosofija, in: Očerki filosofii kollektivizma, S. 28.
80 Bogdanov: Iz psichologii, S. 66.
81 Juškevič: Sovremennaja ėnergetika s točki zrenija empiriosimvolizma, S. 189.
82 Ebd., S. 179.

1908 publizierte Bogdanow das Buch »Priključenija odnoj filosofskoj školy« (»Das Abenteuer einer philosophischen Schule«) mit seiner scharfen Kritik an Plechanows orthodox-marxistische Erkenntnistheorie. Im gleichen Jahr erscheint der Sammelband »Očerki po filosofii marksizma« (»Essays zur Philosophie des Marxismus«) (1908), an dem Bogdanow, Basarow, Lunatscharskij, Juschkewitsch, Gelfond u. a. mitgearbeitet haben. Darin setzen sie ihre Kritik an dem »idealistischen Materialismus« der Orthodoxen fort und stellen ihnen eine ganze Palette »realistischer Erkenntnistheorien« entgegen. Dabei halten sie sich an die Maxime, die man mit Gelfond formulieren kann: »Wenn die Philosophie nach der Begründung der Grundlagen von Wissenschaft strebt, was eigentlich ihre einzige Aufgabe darstellt, so muss sie notwendigerweise diese Grundlagen so transformiert haben, dass sie zumindest methodologisch den neuen wissenschaftlichen Richtungen nachkommen.«[83]

Lenins Polemik in »Materialismus und Empiriokritizismus« (1909) kann als Antwort auf diese Kritik verstanden werden – und zugleich als ein Angriff auf die Anhänger des Positivismus. »Empiriokritizismus« ist für ihn trotz der Erläuterungen der Gegenseite nichts als ein Schimpfwort. Er wirft Bogdanow und seinen Gleichgesinnten »Machismus« vor, den er mit »kleinbürgerlichem Revisionismus« des Marxismus und »reaktionärem Idealismus« identifiziert.[84] Er ignoriert dabei Bogdanows Überzeugung, dass »die Tradition von Marx und Engels uns nicht als Buchstabe, sondern als Geist wertvoll sein muss«.[85] Dies bedeutet, dass sie nur als *Methode* sinnvoll ist, und nicht als ein Set von vorgefertigten Wahrheiten. Für Bogdanow dient der Marxismus vor allem als »die Idee der Sozialität von Erkenntnis«,[86] aber gerade das veranlasste seine Gegner, ihn als »Marxist-Eklektiker« zu diffamieren.[87]

Ein Jahr später, 1910, stellt Juschkewitsch fest: »Der Marxismus – der russische Marxismus ist krank. [...] Schrecklich ist, dass er in den Augen seiner Anhänger seine Aureole verliert, dass er aus einer brei-

83 I. Gel'fond: Filosofija Dicgena i sovremennyj pozitivizm, in: Očerki po filosofii marksizma, S. 244.

84 Wladimir Lenin: Materialismus und Empiriokritizismus. Kritische Bemerkungen über eine reaktionäre Philosophie, übersetzt von Frida Rubiner, Moskva 1947.

85 Bogdanov: Priključenija odnoj filosofskoj školy, S. 66.

86 Aleksandr Bogdanov: Ėmpiriomonizm, S. 241.

87 Siehe die Rezension von Ortodoks (Aksel'rod) auf Lenins Buch »Materialismus und Empiriokritizismus« in der Zeitschrift Sovremennyj mir, 7/1909.

ten, das Denken befreienden Lehre in den Händen sehr eng denkender Menschen zum Instrument ideologischer Versklavung wird. Schrecklich ist, dass in ihm die Quelle theoretischen Schaffens ausgetrocknet ist, dass der Kampf der Meinungen in ihm den Charakter ideologischer Schlachten annimmt.«[88] In seiner Streitschrift »Padenie velikogo fetišizma. Vera i nauka« (1910) bekräftigt Bogdanow seine Kritik an dem »absoluten Marxismus«[89] plechanow-leninscher Prägung: »Das Buch, mit dem wir uns auseinandersetzten, ist seiner gesamten Diktion, seinem Aufbau nach darauf ausgerichtet, den Glauben an die professionelle Gelehrtheit der Spezialisten zu lehren, so wie es lehrt, an Marx zu glauben. Der erstere Glauben ist schädlich und lächerlich, der zweite – schädlich und schändlich.«[90]

In den nachfolgenden Jahren ebbt die Polemik zwischen den »orthodoxen« und »kritischen« Marxisten ab, was mit der Stärkung Lenins politischer Position und der Verdrängung Bogdanows aus der Parteiführung, seiner systematischen »Exkommunikation« *(otlučenie ot marksizma),*[91] wie er dies sarkastisch bezeichnete, verbunden ist. Der Kampf gegen Andersdenkende innerhalb des russischen Marxismus dauert aber noch länger als ein Jahrzehnt und endet mit dem Sieg der »marxistischen Kirche Russlands«.[92] Lenins Aufsatz »Über die Bedeutung des streitbaren Materialismus«, der im Jahre 1922 im dritten Heft der neu herausgegebenen Zeitschrift *Pod znamenem marksizma* (*Unter dem Banner des Marxismus*) erschienen ist, kann als sein triumphierendes Echo betrachtet werden.

Vom Empiriomonismus zur Organisationswissenschaft

Bogdanow ist kein akademischer Philosoph, sein Interesse an der Philosophie ist lediglich durch das praktische Interesse an der Modernisierung der Gesellschaft – die Transformation vom Kapitalismus zum Sozialismus – vermittelt. Mithilfe der Philosophie hat er nach einer universalen Methodologie gesucht, die eine umfassende Reorganisation sowohl der Wirtschaft, politischer und sozialer Strukturen als

88 Pavel Juškevič: Stolpy filosofskoj ortodoksii, St. Petersburg 1910, S. 5.

89 Bogdanov: Padenie velikogo fetišizma, S. 223. [im vorliegenden Buch S. 102]

90 Ebd., S. 218. [im vorliegenden Buch S. 96]

91 Der Ausdruck stammt von Bogdanov in »Desjatiletie otlučenija ot marksizma« [Ein Jahrzehnt Exkommunizierung aus dem Marxismus]. Die Manuskripte zu dem Buch »Desjatiletie otlučenija ot marksizma« mit dem ironischen Untertitel »Jubilejnyj sbornik« (Jubiläumsband) entstand 1914. Erstmals wurde es 1995 (Moskau) veröffentlicht.

92 Bogdanov: Desjatiletie otlučenija ot marksizma, S. 33.

auch der Wissenschaft und öffentlicher Weltanschauung ermöglicht. Da aber, so Bogdanow, die Philosophie keine eigene Erfahrungssphäre besitze und von der kollektiven Praxis isoliert sei, sei sie unfähig, einen »universal-verallgemeinernden Gesichtspunkt« zu erreichen. Das ist der Grund, warum er auf die Philosophie verzichtet und sich zum Ziel setzt, eine universale Wissenschaft, eine Art *mathesis universalis*, zu entwickeln.

Er konzipiert diese Wissenschaft als eine »allgemeine Wissenschaft von den Methoden der Organisation« und bestimmt sie als »Weltmethodologie«,[93] weil sie »Organisation der Dinge, der Menschen und der Ideen« umfasst. Der Begriff »Organisation« gibt also den Schlüssel zum Aufbau einer einheitlichen, marxistischen, Methodologie für Theorie und die auf ihr begründeten Praxis. Der Name »Tektologie« soll darauf hinweisen, dass die Organisationswissenschaft keine rein theoretische Disziplin wie etwa eine Systemtheorie ist, sondern ein vielseitiges Projekt der Reorganisation aller sozialen Systeme in Richtung »Sozialismus« (wie Bogdanow ihn verstanden hat). Es leuchtet ein, dass dieses im Grunde *politische* Projekt im strengen Gegensatz zum revolutionären Programm Lenins und der bolschewistischen Partei steht. Deshalb ist es nicht realisiert worden.

93 Bogdanov: Filosofija živogo opyta, S. 268.

Anhang

Literatur

Aristoteles: Physik. Übersetzung Christian Hermann Weiße, Leipzig 1829.

Aristoteles: Metaphysik. Übersetzung Friedrich Bassenge, Berlin/Boston 1990.

Aristoteles: Physikvorlesung. Übersetzung Hans Wagner, Berlin 1995.

Aristoteles: Metaphysik. Übersetzung und Einleitung Thomas Alexander Szlezák, Berlin 2003.

Richard Avenarius: Philosophie als Denken der Welt gemäß dem Prinzip des kleinsten Kraftmaßes, Leipzig 1877.

Richard Avenarius: Kritik der reinen Erfahrung, Leipzig 1890.

Vladimir Bazarov: Misticizm i realizm našego vremeni [Mystizismus und Realismus unserer Zeit], in: Očerki po filosofii marksizma [Skizzen zur Philosophie des Marxismus], St. Petersburg 1908.

Vladimir Bazarov: Material kollektivnogo opyta i organizujuščie ego formy, in: Očerki filosofii kollektivizma, hrsg. von Ot redakcii, St. Petersburg 1909.

Viktor Bazarov: Misticizm i realizm našego vremeni, in: Očerki filosofii kollektivizma, hrsg. von Ot redakcii, St. Petersburg 1909.

Vladimir Bazarov: Sud'by russkogo »idealizma« za poslednee desjatiletie (ot »kritičeskogo marksizma« k »Vecham«), in: Vladimir Bazarov: Iz istorii novejšej literatury, St. Petersburg/Moskva 1910.

Vladimir Bazarov: Na puti k socializmu, Charkov 1919.

Nikolai Alexandrowitsch Berdjajews: Sub"ektivizm i individualizm v obščestvennoj filosofii. Kritičeskij ėtjud o N. K. Michajlovskim [Subjektivismus und Individualismus in der Sozialphilosophie. Kritische Skizze über N. K. Michailowski], St. Petersburg 1901.

Nikolaj Berdjaev: Die Wahrheit der Philosophie und die Wahrheit der Intelligencija, in: Karl Schlögel (Hrsg.): Věchi – Wegzeichen, Frankfurt a. M. 1990.

Jakov Aleksandrovič Berman: Marksizm ili machizm, in: Obrazovanie 11/1906.

Iakov Berman: Dialektika v svete sovremennoj teorii poznanija [Dialektik im Licht der modernen Erkenntnistheorie], Moskva 1908.

Ljubov Aksel'rod: Novaja raznovidnost' revizionizma, in: Iskra 77/1904.

Ljubov Aksel'rod: Filosofskie očerki, St. Petersburg 1906.

Ortodoks [Aksel'rod]: Besprechung von Lenins »Materialismus und Empiriokritizismus«, in: Sovremennyj mir 7/1909.

Aleksandr Bogdanov: Osnovnye ėlementy istoričeskogo vzgljada na prirodu [Die Hauptelemente einer historischen Naturbetrachtung], St. Petersburg 1899.

Aleksandr Bogdanov: Poznanie s istoričeskoj točki zrenija [Erkenntnis aus historischer Perspektive], St. Petersburg 1902.

Aleksandr Bogdanov: Iz psichologii obščestva, Statji 1901–1904 g, St. Petersburg 1904.

Aleksandr Bogdanov : Iz psichologii obščestva [Aus der Psychologie der Gesellschaft], St. Petersburg 1904.

Aleksandr Bogdanov: Ėmpiriomonizm [Empiriomonismus], St. Petersburg 1904–1906.

Aleksandr Bogdanov: Kniga I, Moskau 1905.

Aleksandr Bogdanov: Kniga II, Moskau 1905.

Aleksandr Bogdanov: Kniga III, St. Petersburg 1906.

Aleksandr Bogdanov: Iz psichologii obščestva [Aus der Psychologie der Gesellschaft], 2. Aufl., St. Petersburg 1906.

Aleksandr Bogdanov: Ernst Mach und die Revolution, in: Die Neue Zeit 20/1908.

Alexander Bogdanow: Priključenie odnoj filosofskoj školy [Das Abenteuer einer philosophischen Schule], St. Petersburg 1908.

Aleksandr Bogdanov: Padenie velikogo fetišizma. Vera i nauka, Moskva 1910.

Aleksandr Bogdanov: Filosofija živogo opyta [Philosophie der lebendigen Erfahrung], St. Petersburg 1913.

Aleksandr Bogdanov u. a.: Fede e scienza. La polemica su materialismo ed empiriocriticismo di Lenin, hrsg. Von und mit einem Essay von Vittorio Strada, Turin 1982

Alexander Bogdanow an Rosa Luxemburg, 7. August 1909, in: Neizvestnyj Bogdanov. V 3-ch knigach. Kn. 1. A. A. Bogdanov (Malinovskij). Stat'i, doklady, pis'ma i vospominanija 1901–1928 gg. Moskva 1995.

Aleksandr Bogdanov: Desjatiletie otlučenija ot marksizma. Jubilejnyj sbornik [1914], Moskva 1995.

Aleksandr Bogdanov: Ėmpiriomonizm, Moskva 2003

Ludwig Büchner: Kraft und Stoff, Leipzig o.J.

Sergej Bulgakov: Heroentum und geistiger Kampf, in: Karl Schlögel (Hrsg.): Věchi – Wegzeichen, Frankfurt a. M. 1990.

Friedrich Engels: Herrn Eugen Dührings Umwälzung der Wissenschaft, Neue Studienausgabe [MENSA], Berlin 2020.

Abram Moiseevič Deborin: Vvedenie v filosofiju dialektičeskogo materializma [1915] [Einführung in die Philosophie des dialektischen Materialismus.], 2. Aufl., Moskva 1922.

Josef Dietzgen: Das Wesen der menschlichen Kopfarbeit, in: ders.: Ausgewählte Schriften, Berlin 1954.

V. A. Djakov: Ujemov A. I. Predšestvenniki kibernetiki i teorii sistem, in: Priroda 6/1973.

Ludwig Feuerbach: Über Spiritualismus und Materialismus, besonders in Beziehung auf die Willensfreiheit, in: ders.: Gesammelte Werke, Bd. 11, Kleinere Schriften IV, 1851–1866, Berlin 1982.

Semen Frank: Die Ethik des Nihilismus, in: Karl Schlögel (Hrsg.): Věchi – Wegzeichen, Frankfurt a. M. 1990.

I. Gel'fond: Filosofija Dicgena i sovremennyj pozitivizm, in: Očerki filosofii kollektivizma, hrsg. von Ot redakcii, St. Petersburg 1909.

Michail Geršenzon: Schöpferische Selbsterkenntnis, in: Wegzeichen. Frankfurt a. M. 1990.

Maksim Gor'kij: Razrušenie ličnosti, in: Očerki filosofii kollektivizma, hrsg. von Ot redakcii, St. Petersburg 1909.

Grandville: Bilder aus dem Staats- und Familienleben der Tiere. 2 Bände. Mit einem Nachwort von Karl Riha. Unter Mitarbeit von Paul de Musset, Louis Viardot, Honore de Balzac, Alfred de Musset, George Sand et al., Frankfurt a. M. 1976.

Dietrich Grille: Lenins Rivale. Bogdanov und seine Philosophie, Köln 1966.

Wladislaw Hedeler: Organisationswissenschaft statt Marxismus. Aleksandr Bogdanovs Vorstellungen von einer Gesellschaft der Zukunft. Philosophische Gespräche, Heft 10, Berlin 2007.

David Hume: Eine Untersuchung über den menschlichen Verstand, Berlin 1965.

[R.V.] Ivanov-Razumnik: Istorija russkoj obščestvennoj mysli, Band 3, Moskva. 1997.

Viktor Nikolaevič Jagodinskij: Aleksandr Aleksandrovič Bogdanov (Malinovskij). 1873–1928, Moskva 2006.

Pavel S. Juškevič: Materializm i kritičeskij realizm [Materialismus und der kritische Realismus], St. Petersburg 1908.

Pavel Juškevič: Sovremennaja ėnergetika s točki zrenija ėmpiriosimvolizma, in: Očerki po filosofii marksizma, St. Petersburg 1908.

Pavel Juškevič: Novye vejanija, St. Petersburg 1910.

Pavel Juškevič: Stolpy filosofskoj ortodoksii, St. Petersburg 1910.

Karl Kautsky: O partijnoj škole [Über die Parteischule], Pravda, [20.9.] 3.10.1909.

W.I. Lenin: Briefe, Bd. 3, Berlin 1967

W.I. Lenin: Werke [LW], Berlin, 1955ff.

Vladimir Lenin: Materializm i ėmpiriokriticizm (1909), in: Vladimir Lenin: Polnoe sobranie sočinenij, Band 18, Moskva 1968. [dt. Übers. in: Lenin Werke, Bd. 14.]

Wladimir Lenin: Materialismus und Empiriokritizismus. Kritische Bemerkungen über eine reaktionäre Philosophie, übersetzt von Frida Rubiner, Moskva 1947.

Arnher E. Lenz/Volker Müller (Hg.) Wilhelm Ostwald: Monismus und Energie, Neu-Isenburg 2012.

Anatolij Lunačarskij: Sobranie sočinenij, Band 7, Moskva 1967.

Anatoli Lunatscharski: Erinnerungen an die Revolutionäre Vergangenheit, in: ders.: Schlaglichter. Erlebnisse und Gestalten auf meinem Weg, Berlin 1986.

Rosa Luxemburg an Leo Jogiches, 3. September 1909, in: Gesammelte Briefe, Bd. 3, Berlin 1982.

Ernst Mach: Die Analyse der Empfindungen und das Verhältnis des Physischen zum Psychischen [1886], Jena 1922.

Ernst Mach: Die Mechanik in ihrer Entwicklung. Historisch-kritisch dargestellt, hrsg. von Renate Wahsner/Horst-Heino von Borzeszkowski, Berlin 1988.

Karl Marx/Friedrich Engels: Werke [MEW], Berlin 1956ff.

Karl Marks: Kapital. Kritika političeskoj ėkonomii. Pod redakciej V. Bazarova i I. Stepanova. Obščaja redakcija A. Bogdanova, Moskva 1907.

Nikolai Nekrassow: Literaturnaja travlja, ili razdražennyj bibliograf [1860] [Literarische Hetze, oder der gereizte Bibliograf].

Wilhelm Ostwald: Die Energie, 2. Aufl., Leipzig, 1912

Ot redakcii: Očerki filosofii kollektivizma, St. Petersburg 1909.

Publius Ovidius Naso: Briefe aus der Verbannung. Briefe vom Schwarzen Meer, Drittes Buch, Brief 4, An Rufinus, 5., überarb. Aufl., Mannheim 2011.

August Nitschke u. a. (Hg.) Jahrhundertwende. Der Aufbruch in die Moderne 1880–1930, 2 Bde, Reinbek bei Hamburg 1990.

Josef Petzoldt: Problema mira iz perspektivy pozitivizma [Das Weltproblem aus der Perspektive des Positivismus], St. Petersburg 1908.

Stefan Plaggenborg/Maja Soboleva (Hg.): Alexander Bogdanov. Theoretiker für das 20. Jahrhundert, München 2009.

Georgij Plechanov: Materialismus militans (1908–1910). Otvet gospodinu Bogdanovu, in: Georgij Plechanov: Izbrannye filosofskie proizvedenija, Band 3, Moskva 1957 [dt. Übers.: Materialismus militans. Antwort an Herrn Bogdanow, in: ders.: Eine Kritik unserer Kritiker. Schriften aus den Jahren 1898 bis 1911, hrsg. von Erika Mieth, Berlin 1982]

Georgi Plechanov: A. L. Volynskij »Russkie kritiki« [»Russische Kritiker«], in: G.V. Plechanov: Ėstetika i sociologija iskusstva [Ästhetik und Soziologie der Kunst], T. II, Moskau 1978.

Georgij Valentinovič Plechanov: Ob izučenii filosofii, in: ders.: Izbrannye filosofskie sočinenija, Band 3, Moskva 1957.

Georgij Valentinovič Plechanov: Truslivyj idealizm, in: ders.: Izbrannye filosofskie sočinenija, Band 3, Moskva 1957.

G.V. Plechanov: Izbrannye filosofskie proizvedenija [Ausgewählte philosophische Schriften], T. 2, Moskau 1956.

Georgi Plechanow: Conrad Schmidt gegen Karl Marx und Friedrich Engels, in: Die Neue Zeit, 5/1899.

Georgi Plechanow: Die ästhetische Theorie N.G. Tschernyschewskis, in: Georgi Plechanow: Kunst und Literatur, Berlin 1955.

Georgi Plechanow: Zur Frage der Entwicklung der monistischen Geschichtsauffassung, Berlin 1975.

Georgi Plechanow: Bernstein und der Materialismus, in: ders.: Eine Kritik unserer Kritiker. Schriften aus den Jahren 1898 bis 1911, hrsg. von Erika Mieth, Berlin 1982.

Georgi Plechanow: Cant wider Kant oder das geistige Vermächtnis des Herrn Bernstein, in: ders.: Eine Kritik unserer Kritiker. Schriften aus den Jahren 1898 bis 1911, hrsg. von Erika Mieth, Berlin 1982.

Georgi Plechanow: Conrad Schmidt gegen Karl Marx und Friedrich Engels, in: ders.: Eine Kritik unserer Kritiker. Schriften aus den Jahren 1898 bis 1911, hrsg. von Erika Mieth, Berlin 1982.

Georgi Plechanow: Wofür sollen wir ihm dankbar sein? Offener Brief an Karl Kautsky [1898], in: ders.: Eine Kritik unserer Kritiker. Schriften aus den Jahren 1898 bis 1911, hrsg. von Erika Mieth, Berlin 1982.

Aleksandr Rybas: Aleksandr Bogdanov: prolegomeny k filosofii ėmpiriomonizma, in: Veče: Žurnal russkoj filosofii i kul'tury 20/2009.

Friedrich Wilhelm Joseph Schelling: Philosophie und Religion [1804], in: ders.: Schriften 1804–1812. Texte zur Philosophie und Religionsgeschichte, hrsg. von Steffen Dietzsch, Berlin 1982.

Karl Schlögel (Hrsg.): Věchi – Wegzeichen. Zur Krise der russischen Intelligenz. Essays von Nikolaj Berdjaev, Sergej Bulgakov, Michail Geršenzon, Aleksandr Izgoev, Bogdan Kistjakovskij, Petr Struve und Semen Frank. Eingeleitet und aus dem Russischen übersetzt von Karl Schlögel, Frankfurt a. M. 1990.

Arthur Schopenhauer: Die Kunst, recht zu behalten, Ditzingen 2018.

Baruch Spinoza: Ethik, Leipzig 1972.

Michail I. Setrov: Ob obščich ėlementach tektologii A. Bogdanova, kibernetiki i teorii sistem, in: Učenye zapiski kafedry obščestvennych nauk vuzov g. Leningrada. Serija Filosofija 8/1967.

Maja Soboleva: A. Bogdanov und der philosophische Diskurs in Russland zu Beginn des 20. Jahrhunderts. Zur Geschichte des russischen Positivismus, Hildesheim 2007.

Jakob Sprenger/Heinrich Institoris: Der Hexenhammer, Altenmünster 2016.

Daniela Steila: Scienza e rivoluzione, Firenze 1996 [Nauka i revoljucija. Recepcija ėmpiriokriticizma v russkoj kul'ture (1877–1910), Moskva 2013]

A. N. Šuspanov: O žiznennoj strategii Aleksandra Bogdanova: ėvoljucija celi [Über die Lebensstrategie A. Bogdanows: die Evolution des Ziels.], in: Organizacionnaja dinamika čelovečeskoj dejatel'nosti: ėkonomika, filosofija, kul'tura. Meždunarodnaja naučnaja konferencija k 130-letiju so dnja roždenija A. A. Bogdanova. Moskva: Meždunarodnyj Institut A. Bogdanova 2003.

Armen L. Tachtadžjan: Tektologija: istorija i problemy, in: Sistemnye issledovanija, Moskva 1971.

S. V. Tjutjukin: G. V. Plechanov. Sud'ba russkogo marksista [G. Plechanow. Das Schicksal eines russischen Marxisten], Moskva 1997.

Anton Tschechow: Der Literaturlehrer. Übersetzung Ada Knipper und Gerhard Dick, in: ders.: Weiberwirtschaft. Meistererzählungen, hrsg. v. Gerhard Dick/Wolf Düwel, Berlin 1966.

Nicolai Valentinov: Ernst Mach i machizm [Ernst Mach und Machismus], Moskva 1908.

Nicolai Valentinov: Filosofskie postroenija marksizma [Philosophische Konstruktionen des Marxismus], Moskva 1908.

N. Werner [Bogdanov]: Nauka i filosofija, in: Očerki filosofii kollektivizma, hrsg. von Ot redakcii, St. Petersburg 1909.

James D. White: Marx and Russia. The Fate of a Doctrine, London/ New York 2018.

G. E. Zinov'ev: Vospominanija. Zametki, nabroski, plany [Erinnerungen. Notizen, Entwürfe, Pläne], in: Izvestija CK KPSS 7/1989.

Personenverzeichnis (ohne Bogdanow, Iljin und Lenin)

Ljubow Isaakowna Akselrod (1868–1946), russische Revolutionärin und Philosophin.

Richard Avenarius (1843–1896), deutscher Philosoph, Empiriokritizist.

Honoré de Balzac (1799–1850), französischer Schriftsteller.

Wladimir Alexandrowitsch Basarow (1874–1939), russischer Philosoph und Publizist.

Beltow – Pseudonym von Plechanow.

Nikolai Alexandrowitsch Berdjaew (1874–1948), russischer Philosoph.

George Berkeley (1685–1753), anglikanischer Theologe, Sensualist und Philosoph.

Jakow A. Berman (1868–1933), russischer Philosoph und Theoretiker.

Eduard Bernstein (1850–1938), deutscher Sozialdemokrat.

Robert Boyle (1627–1691), irischer Naturforscher.

Giordano Bruno (1548–1600), italienischer Priester, Dichter, Mönch, Philosoph und Astronom.

Ludwig Büchner (1824–1899), deutscher Publizist und Arzt.

Sergej Bulgakow (1871–1944), russischer Philosoph und Ökonom.

Pierre-Jean-Georges Cabanis (1757–1808), französischer Mediziner, Physiologe und Philosoph.

Nicolas Léonard Sadi Carnot (1796–1832), französischer Physiker und Ingenieur.

Rudolf Clausius (1822–1888), deutscher Physiker.

Auguste Comte (1798–1857), Sozialwissenschaftler.

Hans Cornelius (1863–1947), deutscher Philosoph, Psychologe und Pädagoge.

George Cuvier (1769–1832), württembergisch-französischer Naturforscher und Mitbegründer der Zoologie als vergleichende Anatomie.

Abram Moisejewitsch (Ioffe) Deborin (1881–1963), russisch-sowjetischer Philosoph.

Joseph Dietzgen (1828–1888), materialistischer Philosoph.

Karl Eugen Dühring (1833–1921), Nationalökonom und Philosoph.

Friedrich Engels (1820–1895), Politiker und Theoretiker der deutschen und internationalen Arbeiterbewegung.

Ludwig Feuerbach (1804–1872), deutscher Philosoph, Materialist und Atheist.

August Forel (1848–1931), schweizer Psychiater und Philosoph.

Semjon Ljudwigowitsch Frank (1877–1950), russischer Religionsphilosoph und Ökonom.

Josef Gelfond (1863–1942), russischer Mediziner und Philosoph.

Maxim Gorki (eigentl.: Peschkow, Alexei Maximowitsch) (1868–1936), russisch-sowjetischer Schriftsteller.

Georg Wilhelm Friedrich Hegel (1770–1831), deutscher Philosoph.

David Hume (1711–1776), schottischer Philosoph, Ökonom und Historiker.

Razumnik Iwanow-Rasumnik (1878–1946), russischer Kulturkritiker und Soziologe.

Pavel S. Juschkewitsch (1873–1945), russischer Philosoph und Übersetzer.

Lew Kamenew (1883–1936), russischer Politiker.

Immanuel Kant (1724–1804), deutscher Philosoph.

Karl Kautsky (1854–1938), deutscher Theoretiker und Sozialdemokrat.

Bogdan Kistjakowski (1869–1920), ukrainischer Soziologe und Philosoph.

Hans Kleinpeter (1869–1916), österreichischer Philosoph.

Nikolaus Kopernikus (1473–1543), polnischer Arzt und Astronom.

Paul Lafargue (1842–1911), französischer Sozialist und Arzt.

Jean-Baptiste Lamarck (1744–1829), französischer Botaniker, Zoologe und Entwicklungsbiologe.

Alexander Lappo-Danilewski (1863–1919) russischer Soziologe und Historiker.

Gottfried Wilhelm Leibniz (1646–1716), deutscher Philosoph und Mathematiker.

Wladimir Lesewitsch (1837–1905), ukrainischer und russischer Philosoph.

Fedor Andreevich Lipkin (1868–1938), russischer Publizist.

Anatoli Wassiljewitsch Lunatscharski (1875–1933), russischer Literatur- und Kunstwissenschaftler, Schriftsteller, Übersetzer und Politiker.

Rosa Luxemburg (1871–1919), deutsch-polnische Ökonomin und Sozialistin.

Charles Lyell (1797-1875), englischer Geologe.

Ernst Mach (1838-1916), österreichischer Physiker und Philosoph; einer der Begründer des Empiriokritizismus.

Roman Malinowski (1876–1918), russischer Revolutionär und Agent der zaristischen Geheimpolizei Ochrana.

Karl Marx (1818-1883), Politiker und Theoretiker der deutschen und internationalen Arbeiterbewegung.

Julius Robert von Mayer (1814–1878), deutscher Arzt.

Franz Mehring (1846–1919), deutscher Historiker, Literaturhistoriker und Publizist.

Jakob Moleschott (1822–1893), niederländischer Arzt und Physiologe.

Napoleon I (Bonaparte) (1769–1821), Offizier der Französischen Revolution; 1804–1814/15 Kaiser der Franzosen.

P. Neshdanow – siehe Lipkin, Fedor.

Isaac Newton (1643–1727), englischer Physiker, Mathematiker und Astronom.

Pawel Nowgorodzew (1866–1924), russischer Rechtswissenschaftler und Philosoph.

Orthodox – siehe Ljubow Akselrod.

Wilhelm Ostwald (1853–1932), deutschbaltischer Chemiker, Soziologe und Philosoph.

Joseph Petzoldt (1862–1929), deutscher Philosoph.

Georgi Walentinowitsch Plechanow (1856–1918), Theoretiker des Marxismus in Russland.

Johann Christoph Poggendorff (1796–1877), deutscher Physiker.

N. Rachmetow – Pseudonym von **Oskar W. Blum** (1886– nach 1838), russischer Publizist.

Albrecht Rau (1843–1920), deutscher Philosoph.

Étienne Geoffroy Saint-Hilaire (1772–1844), französischer Zoologe.

Friedrich Wilhelm Joseph von Schelling (1775–1854), deutscher Philosoph.

Conrad Schmidt (1863–1932), deutscher Ökonom, Philosoph und Journalist.

Alexej Wassiljewitsch Schtscheglow (1905–1996), russischer Philosoph, 1937/38 wissenschaftlicher Sekretär, 1938/39 stellv. Direktor des Instituts für Philosophie der Akademie der Wissenschaften der UdSSR.

William Shakespeare (1564–1616), englischer Dramatiker und Dichter.

Grigori Sinowjew (1883–1836), russischer Politiker und marxistischer Theoretiker.

Herbert Spencer (1820–1903), englischer Philosoph und Soziologe.

Benedict (Baruch) Spinoza (1632–1677), niederländischer Philosoph

Sergej Suworow (1869–1918), russischer Statistiker und Philosoph.

Anton Pawlowitsch Tschechow (1860–1904), russischer Schriftsteller.

Wiktor Michailowitsch Tschernow (1873–1952), russischer Publizist.

Karl Vogt (1817–1895), deutscher Naturforscher und Vertreter des Vulgärmaterialismus.

Nicolai Valentinov (1880–1864), russischer Philosoph, Journalist und Ökonom.

Johannes Diderik van der Waals (1837–1923), niederländischer Physiker.

Dmitri Wladimirowitsch Wenewitinow (1805–1827), russischer Dichter und Philosoph.

David W. Wiktorow (1874–1918), russischer Philosoph.

Wilhelm Windelband (1848–1915), deutscher Philosoph.

Nikolai Wladislawowitsch Wolski (1879–1964), russischer Ökonom.

Wilhelm Wundt (1832–1920), deutscher Philosoph.